Pflegiothek

Care und Case Management
in der Pflege
für die Aus-, Fort- und Weiterbildung

Corinna Ehlers

unter Mitarbeit von
Ingrid Kollak, Stefan Schmidt, Frank Schuster,
Carola Schaaf-Derichs und Stephanie Teßmann

und der Verlagsredaktion

Bildquellen
Marcel Henniger, Berlin 23, 25, 33, 36, 44, 97
Werner Krüper, Bielefeld 70
picture alliance/akg-images/Gardi 93

Redaktion: Antje Pleß
Außenredaktion: Martin Regenbrecht, Berlin
Illustration: Natascha Welz, Berlin
Umschlaggestaltung: Rosendahl Grafikdesign
Layout und technische Umsetzung: Renate Huth, groenland.berlin

www.cornelsen.de

1. Auflage, 2. Druck 2015

Alle Drucke dieser Auflage sind inhaltlich unverändert
und können im Unterricht nebeneinander verwendet werden.

© 2011 Cornelsen Verlag, Berlin
© 2011 Cornelsen Schulverlag GmbH, Berlin

Das Werk und seine Teile sind urheberrechtlich geschützt.
Jede Nutzung in anderen als den gesetzlich zugelassenen Fällen bedarf
der vorherigen schriftlichen Einwilligung des Verlages.
Hinweis zu den §§ 46, 52a UrhG: Weder das Werk noch seine Teile
dürfen ohne eine solche Einwilligung eingescannt und in ein Netzwerk eingestellt
oder sonst öffentlich zugänglich gemacht werden.
Dies gilt auch für Intranets von Schulen und sonstigen Bildungseinrichtungen.

Druck: Beltz Bad Langensalza GmbH

ISBN 978-3-06-450329-8

 Inhalt gedruckt auf säurefreiem Papier aus nachhaltiger Forstwirtschaft.

Inhalt

Vorwort 7
Vorwort DGCC 8
Fallbeispiel Herr Günes hatte einen Schlaganfall 10

Teil A: Grundlagen des Care und Case Management

1	Grundzüge des Care und Case Management	12
1.1	Leitgedanken im Care und Case Management	14
1.2	Definitionen und wesentliche Merkmale	16
1.2.1	Management	16
1.2.2	Case Management	17
1.2.3	Care Management	18
1.3	Rollen und Funktionen im Case Management	19
1.4	Lösungsorientierte Haltung	21
1.5	Kommunikation in komplexen Situationen	22
2	Ebenen der Umsetzung	26
2.1	Fallebene	27
2.2	Systemebene	27

Teil B: Umsetzung auf der Fallebene (Case Management)

3	Phasen der Umsetzung	30
3.1	Klärungsphase	32
3.1.1	Konzeptionelle Reichweite	32
3.1.2	Fallauswahl	34
3.1.3	Fallaufnahme	35
3.1.4	Anwendung Fallbeispiel: Klärungsphase bei Herrn Günes ...	37
3.2	Falleinschätzung (Assessment)	39
3.2.1	Netzwerkanalyse	43

3.2.2	Anwendung Fallbeispiel: Soziale Netzwerkanalyse Familie Günes	45
3.2.3	Problemanalyse	48
3.2.4	Anwendung Fallbeispiel: Problemanalyse Herr Günes	50
3.2.5	Ressourcenanalyse	51
3.3	Zielformulierung und Hilfeplanung	53
3.3.1	Zielebenen	54
3.3.2	Anwendung Fallbeispiel: Zielformulierung von Herrn Günes	56
3.3.3	Hilfeplanung	58
3.3.4	Anwendung Fallbeispiel: Hausbesuch und Hilfeplan von Herrn Günes	59
3.4	Umsetzung des Hilfeplans, „Linking", Überprüfung und Dokumentation	61
3.4.1	Fallbezogene Vernetzung	62
3.4.2	Überprüfung	64
3.4.3	Dokumentation	64
3.4.4	Anwendung Fallbeispiel: Umsetzung und Überprüfung der Hilfeplanung für Herrn Günes	66
3.5	Evaluation und Rechenschaftslegung	68
3.5.1	Evaluation	69
3.5.2	Rechenschaftslegung	71
3.5.3	Anwendung Fallbeispiel: Entpflichtung und Auswertung	73

Teil C: Rahmenbedingungen und Umsetzung auf der Systemebene (Care Management)

4	Merkmale des Versorgungssystems	75
4.1	Patienten im Versorgungssystem	75
4.2	Schnittstellenmanagement	76
4.3	Ziele der Systemsteuerung	80
5	Care und Case Management auf der Organisationsebene	81
5.1	CCM im Krankenhaus	83
5.1.1	Die Institution Krankenhaus	83
5.1.2	Die Umsetzung von CCM im Krankenhaus	84
5.1.3	Beispiele aus den USA	86

Inhalt

5.1.4	Chancen von CCM im Krankenhaus	88
5.1.5	Abgrenzung verschiedener CCM-Ansätze im Krankenhaus	89
5.1.6	Praxisbeispiel „Der Bunte Kreis"	90
5.2	CCM im ambulanten Kontext	92
5.2.1	Historische Entwicklung	92
5.2.2	Beispiel für CCM im ambulanten Bereich: Koordinierungsstellen „Rund ums Alter"	94
5.3	CCM der Leistungsträger	95
5.4	CCM in Pflegestützpunkten	99
5.4.1	Rahmenbedingungen der Pflegestützpunkte	99
5.4.2	Pflegeberatung und Versorgungskoordination für ältere Menschen in den USA	103
5.5	CCM mit Freiwilligen	105
5.5.1	Bedeutung von Freiwilligen für das CCM	105
5.5.2	Motive von Freiwilligen für den Pflegebereich	106
5.5.3	Aufgabenprofile für Freiwillige und deren Management	108
5.5.4	Ein ergänzendes Verhältnis aufbauen: hauptamtlich Pflegende – freiwillige Helfer – Freiwilligenmanager	109
5.5.5	Ein ergänzendes Verhältnis aufbauen: Entwicklung der Rolle von Freiwilligen im Pflegemix	110
5.5.6	Wie finde ich die geeigneten Freiwilligen?	111
6	**Netzwerke im Care und Case Management**	**112**
6.1	Grundlagen	112
6.1.1	Begriffsbestimmungen	113
6.1.2	Merkmale von Netzwerken	116
6.1.3	Netzwerk-Typen im CCM	118
6.1.4	Anforderungen an CCM-Netzwerke	120
6.2	Aufbau von Kooperationsbeziehungen beim CCM	121
6.3	Phasen des Netzwerkaufbaus	123
7	**Empfehlungen zur Umsetzung von Care und Case Management-Programmen**	**130**

Teil D: Care und Case Management von A – Z

Glossar 132

Abkürzungen 157

Literatur 158

Vorwort

Die vielschichtigen und teilweise unübersichtlichen Strukturen im Sozial- und Gesundheitswesen können dazu führen, dass Menschen mit einem umfassenden Hilfebedarf „im System" herumirren. Die einzelnen Teilsysteme, aus denen sich die soziale, pflegerische und medizinische Versorgung zusammensetzen, arbeiten nebeneinander her. Es sind Personen oder Institutionen erforderlich, die Patienten und hilfebedürftige Menschen durch das Versorgungsgeschehen begleiten und lotsen.

Mit dem Buch möchten wir Ihnen einen Einstieg in die patienten- und ressourcenorientierte Fallarbeit und Versorgungssteuerung im Sinne von Care und Case Management geben.

Grundlegende Beschreibungen des Case Management sind in den „Rahmenempfehlungen zum Handlungskonzept Case Management" der Deutschen Gesellschaft für Care und Case Management (DGCC) enthalten. In diesem Buch erfolgt eine praxisorientierte Übertragung in den pflegerischen Bereich.

Die Ausführungen wurden durch verschiedene Werke beispielsweise von Neuffer (2009) oder Kleve u.a. (2006) sowie viele anregende Gespräche mit Kollegen inspiriert.

Noch eine Bemerkung zum sprachlichen Ausdruck: Die Ausdrücke Patient oder Klient werden gleichermaßen verwendet. Im Berufsalltag in der Pflege hat man es zumeist mit Patienten zu tun, der Ausdruck Klient betont dagegen, dass der Hilfesuchende als Partner im Hilfeprozess bzw. im Dienstleistungsverhältnis gesehen werden sollte.

Umsichtig sorgen: Wofür die DGCC steht

Wolf Rainer Wendt, Vorsitzender der Deutschen Gesellschaft für Care und Case Management

Wenn Menschen bei chronischer Krankheit oder Pflegebedürftigkeit versorgt werden müssen, sind alle damit verbundenen Umstände zu bedenken und alle Möglichkeiten, die zur Bewältigung dieser Situation helfen können. Es sind oft viele Probleme, die sich – in der häuslichen Versorgung, in der ambulanten Unterstützung oder bei stationärem Aufenthalt, sowohl gesundheitlich wie sozial und wirtschaftlich – in der Lebensführung und im Ergehen betroffener Personen und ihrer Angehörigen stellen und um die man sich im helfenden Beruf kümmern sollte. Zu den einzelnen Verrichtungen und Hilfestellungen, die zur fachlichen Kompetenz gehören, kommt die Aufgabe, umsichtig die passende Gestaltung der insgesamt nötigen Arbeit zu organisieren.

Dies ist die Aufgabe des *Case Management*. Es bezeichnet eine Verfahrensweise in Humandiensten, mit der geschickt und angemessen bewerkstelligt werden soll, was zu einer Versorgung und Unterstützung von Menschen im Einzelfall zu tun nötig wird. Weil dies eine generelle Aufgabe überall ist, wo die Probleme komplex sind und wo zu ihrer Bewältigung oder Lösung die Mittel und Beiträge von verschiedenen Seiten heranzuziehen sind, wird das Handlungskonzept des Case Management in fast jedem Bereich personenbezogener Dienste im Sozial- und Gesundheitswesen gebraucht. Dies auch deshalb, um die Leistungen im System der Versorgung auf das Wollen und Können von Menschen in ihrem eigenen Lebenskreis und nach Möglichkeit auf die Weise ihres Sorgens abzustimmen.

Der Sorge (*care*) und dem Sorgen (*caring*) von Personen steht eine unpersönlich angelegte Versorgung (*care*) gegenüber. Das mehrdeutige englische Wort „care" finden wir international in breiter Verwendung, weil es auf beide Seiten der Pflege des Ergehens von Menschen passt: auf deren eigenen Einsatz und auf das organisierte und berufliche Hilfesystem. Es muss mit seinen Möglichkeiten aber jeweils auf die individuelle Situation fallweise im Case Management zugeschnitten werden.

Vorwort DGCC

Bei diesem Vorgehen wirken alle an einer versorgenden Praxis Beteiligten mit, wenn auch die Fallführung „in einer Hand" oder an einer Stelle konzentriert ist. Zur Praxis gehören Strukturen, aus denen die Leistungserbringung ihre Ressourcen bezieht, weshalb zum Case Management ein die Arbeit im Einzelfall übergreifendes *Care Management* hinzukommt. Sein Gegenstand ist das ganze formelle und informelle Reservoir der Pflege des Ergehens von Menschen. Die Landschaft der Versorgung will gestaltet sein und auf ein erfolgversprechendes Zusammenwirken hin entwickelt werden.

Die *Deutsche Gesellschaft für Care und Case Management* (DGCC) heißt so, weil sie fachlich für Umsicht und Kooperation in der Steuerung humandienstlicher Versorgung eintritt. Der Zuschnitt von „Care" in Begleitung, Unterstützung, Beratung und Behandlung von Menschen soll nach den Erfordernissen im Einzelfall ausgerichtet und koordiniert werden. Mit den Standards, welche die DGCC zum Handlungskonzept Case Management formuliert hat, wird auf eine Qualität des ganzen Versorgungsverlaufs und der Beziehungen der Beteiligten an ihm orientiert. Die Gestaltung von Versorgung für Patienten bedeutet im Effekt für sie Lebensgestaltung.

Die DGCC widmet sich der fachpolitischen Vertretung von Care und Case Management, seiner inhaltlichen Weiterentwicklung und der Ausbildung für dieses Aufgabengebiet in den verschiedenen Bereichen des Sozial- und Gesundheitswesens. Gebraucht wird Kompetenz in allen Belangen der Versorgung über Grenzen von Sektoren und berufsspezifische Einstellungen hinweg. Diese Kompetenz wird im weiten Feld der Pflege von und für Menschen erwartet – und zu ihr tragen die Ausführungen in diesem Buch für Leser bei, die umsichtig mitsorgen wollen.

Fallbeispiel

Herr Günes hatte einen Schlaganfall

Das folgende Fallbeispiel wird Sie durch den ersten Teil des Buchs begleiten. Anhand der Situation von Herrn Günes wird in den verschiedenen Kapiteln die Arbeitsweise im Case Management veranschaulicht. Die hier erfundene Situation reicht für eine Aufnahme ins Case Management aus. In der Praxis gibt es häufig komplexere Fälle, deren Beratungs- und Arbeitsaufwand zu umfangreich sind für eine anschauliche Beschreibung, wie wir sie hier aufzeigen möchten.

Der 62-jährige Herr Günes erlitt vor zwei Wochen einen Schlaganfall und wird derzeit akutstationär behandelt. Er leidet an einer Hemiparese (Lähmung einer Körperhälfte) und kann nicht ohne Hilfe aufstehen. Zubereitete Mahlzeiten kann Herr Günes allein essen. Seine Ehefrau kommt ihn täglich in der Klinik besuchen.

Die beiden Kinder (Ayfer und Özil, Zwillinge, 25 Jahre) leben nicht mehr bei ihren Eltern. Die Tochter, Ayfer, ist verheiratet und hat einen dreijährigen Sohn. Ayfers Mann leidet seit seiner Kindheit an schwerem Asthma. Ayfer und ihr Mann sind beruflich sehr ausgelastet. Sie äußert in einem Gespräch, dass sie sich überfordert fühlt. Ihr Zwillingsbruder, Özil, ist alleinstehend. Er wirkt besorgt und in sich verschlossen. Sein Arbeitgeber verlagert seinen Standort in eine andere Stadt, und er steht vor der Entscheidung, mit der Firma umzuziehen oder eine neue Arbeitsstelle zu suchen. Die beiden Zwillinge kennen ihren Vater als einen ruhigen Menschen, der sich viel um andere kümmert.

Herr Günes hat in einem Industriebetrieb als Vorarbeiter gearbeitet. Aufgrund von gesundheitlichen Beschwerden (Rückenproblemen) ist Herr Günes seit zwei Jahren im Ruhestand. Er kam vor 28 Jahren aus der Türkei nach Deutschland und wollte ursprünglich nach seiner Pensionierung dorthin zurückkehren. Nach der Geburt seines Enkelsohns haben er und seine Frau diesen Plan erst einmal verschoben.

Fallbeispiel 11

Herr und Frau Günes leben in einer 65 Quadratmeter großen Drei-Zimmer-Wohnung in Berlin. Die Altbauwohnung liegt im Hinterhaus im 3. Stock. Zu den Nachbarn hat die Familie einen guten Kontakt. Bei offiziellen Gesprächen ist Frau Günes eher zurückhaltend, weil sie ihre Deutschkenntnisse für nicht gut genug hält. Sie ist seit vielen Jahren auf Grund einer Herzschwäche in ärztlicher Behandlung und körperlich nur eingeschränkt belastbar.

Das Ehepaar hat seit einigen Jahren einen Kleingarten in der Nähe ihrer Wohnung, in dem sie viel Zeit mit ihrem Enkel verbringen. Ein ehemaliger Arbeitskollege, der sie dort häufig besucht, kommt auch in der Klinik oft vorbei und spricht mit Herrn Günes.

In einer multiprofessionellen Teambesprechung wurde von Pflegekräften, Ärzten und Therapeuten ein gutes Rehabilitationspotenzial benannt. Sie gehen davon aus, dass Herr Günes weiter mobilisiert werden kann, denn er arbeitet engagiert in den Therapiesitzungen mit. Es ist aber klar, dass die Krankenkasse nicht mehr lange die Kosten für eine akutstationäre Versorgung übernehmen wird. Von ärztlicher Seite wird daher angeregt, Herrn Günes in ca. einer Woche in eine Rehaklinik zu verlegen.

Herr Günes wird nach Aussagen der Therapeuten langfristig auf Hilfe und Hilfsmittel angewiesen sein. Im Rahmen der allgemeinen Untersuchungen wurde zudem ein Diabetes mellitus Typ II diagnostiziert.

1 Grundzüge des Care und Case Management

Menschen, die neben schweren gesundheitlichen Einschränkungen (etwa nach einem Unfall oder einer Krebserkrankung) zusätzliche Probleme wie Verlust des Partners, eine Alkoholabhängigkeit oder eine Verschuldung haben, sind oftmals mit ihrer Situation überfordert. Wenn sie keine ausreichenden eigenen Bewältigungsstrategien oder Unterstützungspersonen haben, benötigen sie professionelle Hilfe von verschiedenen Seiten. Das können gesundheitliche und pflegerische Dienstleitungen sein (z.b. ärztliche Untersuchungen, pflegerische Wundversorgung), oder auch soziale Dienstleistungen (z.b. psychosoziale oder sozialrechtliche Beratung).

Es ist jedoch häufig schwierig, die richtigen Hilfestellungen zu organisieren. Teilweise wissen die Patienten nicht, welche Hilfsangebote in Anspruch genommen werden können, ihnen fehlt der Überblick über die Bandbreite möglicher professioneller Hilfe. Andererseits sind manchmal schon viele Helfer für einen Patienten tätig, ohne sich untereinander abzusprechen. Dabei entstehen Überschneidungen und Lücken in der notwendigen Hilfestellung.

Genau in solchen Fällen kommt Case Management zum Einsatz: wenn die Organisation der nötigen Hilfestellungen komplex ist und der einzelne Patient damit überfordert ist. Case Manager arbeiten auf unterschiedlichen Ebenen [→Kap. 2]. Sie erfassen systematisch in einem bestimmten Ablauf von Arbeitsphasen [→Kap. 3] die Bedürfnisse der Patienten (z.b. ein selbstständiges Leben in der eigenen Wohnung) sowie die objektiven Bedarfe (z.B. die tägliche Wundversorgung) und organisieren die entsprechenden Hilfsangebote. Dabei geht es darum, die nötige Unterstützung eines Patienten aus seiner Perspektive zu sehen und nicht von der Seite einer einzelnen Institution, z.B. eines Krankenhauses [→Kap. 4].

1 Grundzüge des CCM

So sind zwar in einem Krankenhaus bereits viele Unterstützungen unter einem Dach, z.b. Pflege, medizinische Versorgung, Physiotherapie und vieles mehr. Doch in vielen Fällen braucht es noch weitere Unterstützung, z.B. Reha, soziale Integration, Ämtergänge.

Case Management in der Pflege kommt in vielen Bereichen zum Einsatz, im Krankenhaus, in der ambulanten Pflege, bei den Leistungsträgern, in der Freiwilligenarbeit und in Pflegestützpunkten [→Kap. 5].

Sie begleiten Patienten und organisieren die Hilfen, die sie benötigen. Darüber hinaus sind sie dafür verantwortlich, dass die verschiedenen Helfer aufeinander abgestimmt arbeiten [→Kap. 6].

Case Management ist ein Verfahren, das im Sozial- und Gesundheitswesen seit Jahren in der Arbeit mit Patienten zum Einsatz kommt. Viele der Instrumente und Strategien, die im Rahmen von Care und Case Management eingesetzt werden, sind bereits aus der Sozialen Arbeit und der Pflege bekannt. Jedoch sind der zielgerichtete Arbeitsablauf [→Kap. 1.4] und die Verknüpfung unterschiedlicher Handlungsebenen neu.

Zu den wesentlichen Merkmalen des Verfahrens zählen:
- das strukturierte Vorgehen in der Fallbearbeitung,
- die Betreuung und Begleitung von Patienten sowie
- die Zusammenarbeit mit anderen Einrichtungen.

Dabei übernehmen die Case Manager viele Aufgaben und unterschiedliche Funktionen [→Kap. 1.3], die von Fall zu Fall variieren.

1.1 Leitgedanken im Care und Case Management

Case Management ist nach den Richtlinien der DGCC in erster Linie den Patienten verpflichtet und geht bei der Hilfeplanung von den individuellen Interessen und der jeweiligen Lebenssituation aus. Diese Ausrichtung nennt man **Klienten- oder Patientenorientierung**. Die persönlichen Lebenswelten der Patienten – Alltag und Lebenserfahrungen – stehen hierbei im Vordergrund. Im Case Management wird ein ganzheitlicher Ansatz verfolgt, das heißt, dass die körperlichen, geistig-seelischen sowie die sozialen, familiären und kulturellen Merkmale der Menschen beachtet werden.

Die Fähigkeiten und Stärken der Menschen werden gezielt aktiviert und gefördert, um selbstbestimmtes und möglichst selbstständiges Handeln zu unterstützen. In der Fachsprache werden hierfür die Begriffe **Ressourcenorientierung** und **Empowerment** benutzt. Die Unterstützung und Begleitung durch professionelle Helfer verfolgt das Ziel, **Hilfe zur Selbsthilfe** zu leisten. Case Manager erledigen die anfallenden Aufgaben nicht grundsätzlich für die Patienten, sondern befähigen sie, diese selbst oder mit Unterstützung auszuführen.

Die verantwortliche Betreuung und Begleitung der Patienten erstreckt sich oftmals über einen längeren Zeitraum und bezieht sich nicht nur auf einzelne Episoden der Versorgung, wie z.B. ausschließlich den Krankenhausaufenthalt. Eine **Versorgungskontinuität** wird angestrebt. Des Weiteren werden die Hilfsangebote entsprechend der Interessen und Bedarfe der Patienten an Zielen ausgerichtet (**Zielorientierung**). Die Umsetzung der von den Patienten formulierten Ziele erfolgt unter Berücksichtigung und durch die Einbeziehung der Fähigkeiten der Patienten und deren Bezugspersonen. Die Umsetzung wird regelmäßig überprüft, wodurch eine wirkungsvolle Versorgung erreicht werden kann, die zudem kostengünstig ist (**Effektivität und Effizienz**). Für eine bessere Gestaltung der Hilfsangebote arbeiten Ärzte, Pflegedienste und Beratungsstellen zusammen und streben eine **Vernetzung** an [→Kap. 6].

1 Grundzüge des CCM

Mit dem Ziel, sich an den Bedürfnissen und Lebenswelten (familiäre und freundschaftliche Beziehungen, Wohnumfeld) der Klienten auszurichten, werden Arbeitsbeziehungen aufgebaut, die von gegenseitiger Wertschätzung gekennzeichnet sind. Eine ausschließlich an sachlichen oder wirtschaftlichen Entscheidungskriterien orientierte Ausrichtung der Betreuungs- und Versorgungsprozesse entspricht nicht dem Grundverständnis von Case Management.

Case Management wurde in seiner Entwicklung von unterschiedlichen gesellschaftlichen und theoretischen Strömungen beeinflusst. Obwohl eine Orientierung an Managementkonzepten [→Kap. 1.2.1], wie sie in den letzten Jahrzehnten vor allem im US-amerikanischen Gesundheitssystem erfolgte, zu einer stärkeren Ökonomisierung führte, sind Grundsätze wie die Klientenorientierung oder die Hilfe zur Selbsthilfe fest mit dem Verfahren verbunden. In der Abbildung sind die wesentlichen Grundsätze und Leitprinzipien der Case Management-Philosophie festgehalten.

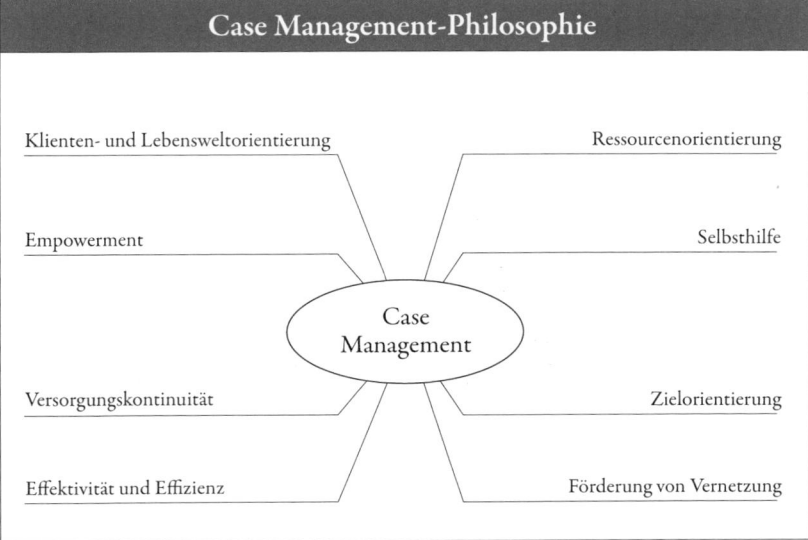

1.2 Definitionen und wesentliche Merkmale

1.2.1 Management

Das englische Verb „to manage" bedeutet etwas bewältigen, steuern, lenken. Es existiert eine Vielzahl von Management-Definitionen mit unterschiedlichen Ansätzen, bei denen es vorrangig um die Planung und Steuerung von Abläufen bzw. Aufgaben geht. Oftmals werden unter dem Begriff Management Ansätze verstanden, die hauptsächlich das Ziel verfolgen, Leistungen oder Produkte unter wirtschaftlichen Aspekten zu betrachten, beziehungsweise Prozesse so zu gestalten, dass kostensparend gearbeitet oder dass der Umfang von Leistungen begrenzt werden kann. Der 2005 verstorbene Management-„Guru" Peter Drucker dagegen betont, dass die Menschen im Mittelpunkt des Management stehen. Für ihn besteht die Bestimmung des Management, etwa einer Unternehmensführung, darin, Menschen zur Zusammenarbeit zu befähigen.

Kollegen in den sozialen und pflegerischen Berufen sehen die zunehmende Ausrichtung der Arbeit an Management-Ansätzen ambivalent: Einerseits besteht eine Abneigung, sich mit Management-Konzepten auseinanderzusetzen, andererseits besteht die Hoffnung, durch Planung und Steuerung komplexe Situationen zu vereinfachen.

Die Definition von Peter Drucker, insbesondere die Hervorhebung, dass der Mensch im Mittelpunkt steht, passt nach Kai Biesel sehr gut zum Care und Case Management-Konzept. Auf der Fallebene [→Kap. 2.1] ist ein Case Manager für die problematische Situation eines Patienten verantwortlich, er koordiniert transsektoral [→Kap. 4.2] die fallbezogene Versorgung. Der Patient als Mensch mit seinen Bedürfnissen steht hierbei im Mittelpunkt. Auf der Systemebene [→Kap. 2.2] arbeiten Case Manager mit Mitarbeitern anderer Einrichtungen zusammen. Ziel ist es hierbei, eine bessere Versorgung zu gestalten. Care und Case Management befähigt im Sinne von Drucker zur Zusammenarbeit zwischen Patienten, ihren sozialen Kontakten und formellen Helfern.

1 Grundzüge des CCM

1.2.2 Case Management

Eine einheitliche Definition für Case Management liegt nicht vor. Die existierenden Definitionen verweisen auf die Berufszugehörigkeit ihrer Verfasser. Case Management wird vor allem von Sozialarbeitern und Pflegefachkräften angewandt in Handlungsfeldern wie der Beratung, Gesundheitsversorgung und des Versicherungsschutzes.

Die beiden folgenden Definitionen verdeutlichen das breite Spektrum von Zielen und Aufgaben des Case Management:

„Case Management ist ein Konzept zur Unterstützung von Einzelnen, Familien, Kleingruppen. Case Management gewährleistet durch eine durchgängige fallverantwortliche Beziehungs- und Koordinierungsarbeit Klärungshilfe, Beratung, Zugang zu notwendigen Dienstleistungen und eine überwachte, qualifizierte Durchführung der Hilfen. Case Management befähigt die KlientInnen, Unterstützungsleistungen selbstständig zu nutzen und greift so wenig wie möglich in die Lebenswelt von KlientInnen ein."

(Neuffer 2007: 19)

„Case Management ist ein Prozess der Zusammenarbeit, in dem eingeschätzt, geplant, umgesetzt, koordiniert und überwacht wird und Optionen und Dienstleistungen evaluiert werden, um den gesundheitlichen Bedarf eines Individuums mittels Kommunikation und mit den verfügbaren Ressourcen auf qualitätsvolle und kostenwirksame Ergebnisse hin nachzukommen."

CMSA 1995: Standards der Praxis von Case Management, übersetzt von Wendt (2001: 152)

Speziell für den Pflegebereich bestehen unterschiedliche Definitionen. Beispielsweise definiert der amerikanische Berufsverband der Pflegekräfte (American Nurses Association) Case Management als

„ein System zur Erbringung von Leistungen der Gesundheitsversorgung, das entworfen wurde, um die Realisierung erwarteter Ergebnisse auf Seiten der Patienten innerhalb einer angemessenen Verweildauer zu ermöglichen".

American Nurses Association, zitiert in Ewers (2005: 57)

Trotz vieler unterschiedlicher Definitionen, die für das Konzept Case Management vorliegen, lassen sich die wichtigsten Kennzeichen von Case Management nach Ewers (2005) bestimmen:

- Der Betreuungsverlauf von Patienten erstreckt sich über einen längeren Zeitraum.
- Die Betreuung und Begleitung erfolgt über unterschiedliche Versorgungssektoren hinweg.
- Es erfolgt eine umfangreiche Situationseinschätzung, d.h. Probleme, Bedürfnisse, Ressourcen und Ziele werden erfasst.
- Es findet eine regelmäßige Zusammenarbeit mit den am Fall beteiligten Personen und Organisationen statt.
- Die Aufgaben der beteiligten Personen und Organisationen werden untereinander abgestimmt.
- Die Fallarbeit und die Versorgungskoordination werden ausgewertet und weiterentwickelt.

1.2.3 Care Management

Im Unterschied zum Case Management bezeichnet Care Management die Zusammenarbeit mit den einzelnen Klienten – also die fallbezogenen Tätigkeiten eines Case Managers. Der Begriff Care Management umschreibt die fallübergreifenden Strategien und Tätigkeiten von Case Managern und Einrichtungen, die das Ziel verfolgen, die Versorgung beispielsweise für eine bestimmte Zielgruppe zu verbessern.

Im Unterschied zum Case Management bezeichnet Care Management die Zusammenarbeit und Vernetzung von professionellen Helfern, um über einzelne Fälle hinausgehend die Versorgung von bestimmten Patientengruppen wie Diabetikern zu verbessern. Oftmals wird auch der Begriff Versorgungsmanagement verwendet.

1.3 Rollen und Funktionen im Case Management

Je nach Einsatzbereich, Auftraggeber und Aufgabenschwerpunkt nehmen Case Manager unterschiedliche Funktionen wahr. Zu den vier Kernfunktionen zählen:
- die advocacy- oder Fürsprecherfunktion
- die broker- oder die vermittelnde Funktion
- die gate keeper- oder selektierende Funktion
- die social supporter- oder unterstützende Funktion

Die **fürsprechende Funktion** (Advocacy) des Case Management ist insbesondere an benachteiligte Menschen gerichtet, die sich in schwierigen Lebenssituationen befinden und nicht in der Lage sind, ihre persönlichen Interessen selbstständig zu vertreten. Case Manager treten als Fürsprecher für die Klienten auf, indem sie die Interessen ihrer Klienten gegenüber Behörden oder Institutionen vertreten.

Im Rahmen der **Broker-Funktion** agieren Case Managerinnen als neutrale Vermittler oder Berater (das Wort Broker ist aus der Welt der Aktienbörsen geläufig, ein Broker vermittelt dort Aktiengeschäfte). Sie informieren die Patienten darüber, welche Hilfen und Versorgungsangebote zur Verfügung stehen und vermitteln sie. Für diese Funktion ist es hilfreich, wenn Case Manager möglichst nicht bei einem Leistungserbringer oder -träger, also etwa einem Krankenhaus oder einer Krankenkasse, angestellt sind, sondern unabhängig auftreten können. Durch diese neutrale Vermittlerfunktion kann vermieden werden, dass den Betroffenen beispielsweise aus Kostengründen Leistungen vorenthalten werden.

Bei der dritten Kernfunktion, der **gate keeper-Funktion**, steht die Zugangssteuerung im Vordergrund, d.h. Case Manager regeln den Zugang zu den Versorgungsleistungen. Man spricht z.b. von einer Gate-Keeper-Funktion, wenn eine fachärztliche Versorgung erforderlich ist, die nur durch den Hausarzt eingeleitet werden kann. In dieser Funktion ergeben sich zuweilen Entscheidungskonflikte. Wenn etwa ein Case Manager einer Krankenkasse [→Kap. 5.3] den Zugang zu Leistungen regeln soll, kann es im Interesse der Krankenkasse sein, dass Patienten möglichst wenige Leistungen in Anspruch nehmen. Case Manager sind in jedem Fall aber auch den Bedürfnissen der Patienten verpflichtet. Das heißt, sie müssen gegebenenfalls zwischen ökonomischen Interessen und individuellen Klientenwünschen abwägen. Cesta et al. (1998) bezeichnen diese Situation als „Case Managers Dilemma".

Um die Beteiligung und Aktivierung von Menschen zu erreichen, bedarf es einer vierten Funktion, nämlich der **Unterstützungsfunktion**. Dem Case Manager kommt hierbei die Aufgabe zu, die Kräfte und Fähigkeiten der Klienten zu fördern, beispielsweise eigenständig Telefonate zu führen oder sich selbstständig zu versorgen. Case Manager haben im Rahmen dieser Funktion die Aufgabe, die Selbstbestimmung der Patienten zu fördern und zu gewährleisten, dass Klienten die Maßnahmen erhalten, die ihnen zustehen und die sie benötigen.

Case Management ist ein Verfahren, das sich an den Bedürfnissen der Klienten orientiert und die Versorgung über Einrichtungs- und Sektorengrenzen hinweg koordiniert. In der praktischen Arbeit nehmen Case Manager unterschiedliche Rollen ein, als Fürsprecher, Vermittler („Türöffner") oder Unterstützer.

1.4 Lösungsorientierte Haltung

Neben der Umsetzung von Case Management als Verfahren in Einrichtungen sowie der Anwendung von Methoden und Instrumenten, ist die Haltung von Case Managern ausschlaggebend für die Resultate. Eine lösungs- und →ressourcenorientierte Herangehensweise und Haltung fördert eine wirkungsvolle Gestaltung von Prozessen auf der Fall- und Systemebene [→Kap. 2].

Der Ansatz der lösungsorientierten Beratung geht auf Steve de Shazer und Insoo Kim Berg zurück und beruht auf drei Grundprinzipien:
- „Repariere nicht, was nicht kaputt ist!"
- „Wenn du weißt, was funktioniert, mache mehr davon!"
- „Wiederhole nicht, was nicht funktioniert, mache etwas anderes!" (Vgl. z.B. de Shazer/Dolan 2008)

Werden die Prinzipien von de Shazer und Berg berücksichtigt, akzeptieren Case Managerinnen den Eigensinn ihrer Klienten und arbeiten zielorientiert, aber ergebnisoffen. Das heißt, in welche Richtung der Hilfeprozess verläuft, bleibt den Patienten überlassen, sie bestimmen die Ziele [→Kap. 3.3], z.B. eine Entlassung in die alte Wohnung. Die Case Manager unterstützen die Hilfesuchenden darin, Ziele zu formulieren und Wege zur Zielerreichung aufzuzeigen. Veränderungen werden in der lösungsorientierten Arbeit als selbstverständlicher Prozess gesehen, der mit Hilfe von bestimmten Fragetechniken wie Skalierungsfragen unterstützt wird. Die professionellen Helfer wollen die Ratsuchenden anregen, ihre Situation neu zu sehen und mögliche Schritte und Wege zum Ziel zu finden.

Der lösungsorientierte Ansatz unterstellt, dass Menschen über →Ressourcen verfügen, die ihnen helfen, mit ihren Problemen fertig zu werden. Jeder Mensch ist der Experte für seine Problemsituation und professionelle Helfer unterstützen, indem sie Ausnahmen von problematischen Situationen finden und „versteckte", also vorhandene, aber ungenutzte Ressourcen aktivieren. In der lösungsorientierten Arbeit werden die Selbsthilfepotentiale der Patienten gestärkt.

1.5 Kommunikation in komplexen Situationen

„Er versuchte verzweifelt zu antworten. Es gelang ihm nicht.
Er schien alle Fragen zu verstehen, brachte aber nur unverständliche Laute hervor."
Helmut Clahsen (2003)
Mir fehlen die Worte. Aphasie nach Schlaganfall – ein Erfahrungsbericht, Frankfurt am Main

Dieses Zitat ist einem Erfahrungsbericht über das schlagartige Auftreten einer Aphasie und den langen und mühevollen Weg der Rehabilitation entnommen. Bei einer Aphasie, die sehr oft nach einem Schlaganfall auftritt, geht es nicht nur um das fehlende Sprechvermögen, sondern um die fehlende Sprache, die das Sprechen und Denken behindert. Im Fall von Herrn Günes ist es sehr wahrscheinlich, dass er nach dem Schlaganfall an Aphasie leidet und logopädische Therapie benötigt. Für ihn wäre es vermutlich besser, zuerst seine muttersprachlichen, also türkischen Sprachkenntnisse wieder zu aktivieren.

Wie denken Menschen nach einem Schlaganfall, wenn ihnen die Sprache fehlt? Was fühlen Menschen, die bewusstlos sind? Wie denken Kinder, die noch nicht sprechen können? Wie denken Menschen, die in ihrer Muttersprache andere Bilder zur Beschreibung einer Situation haben? So heißt es in englischer Sprache, dass man den Tisch dreht, während man in deutscher Sprache den Spieß umdreht.

Case Manager benötigen Verständnis, wenn sie eine Versorgung erfolgreich organisieren wollen: Verständnis für ihre Gesprächspartner und deren Lage. Sicherlich arbeitet ein Case Manager innerhalb eines Versorgungssystems, das bestimmte Versorgungspfade und feste Preise für bestimmte Versorgungsleistungen kennt. Trotzdem gibt es viele Möglichkeiten, die gegebenen Mittel einzusetzen. Ein sinnvoller Einsatz ist daran abzulesen, ob ein vereinbartes Ziel [→Kap. 3.3] erreicht wird. Solche Ziele können z.B. die Verbesserung der Sprechfähigkeit oder der Erhalt einer Fahrerlaubnis nach einem Schlaganfall sein.

1 Grundzüge des CCM

Um die vereinbarten Ziele korrekt zu benennen und auch zu erreichen, ist es grundlegend wichtig, sich gegenseitig richtig zu verstehen. Darum ist im Prozess des Case Management die Rückversicherung über den geplanten Versorgungsverlauf mit dem Betroffenen und seiner Familie bzw. seinem Freundeskreis ein fester Bestandteil. Je vorbehaltloser ein Case Manager den Gesprächspartnern gegenübertritt, desto eher wird es möglich, den gewünschten und damit auch am meisten erfolgversprechenden Versorgungsplan [→Kap. 3.3.3] aufzustellen.

Im Fall von Herrn Günes lässt sich leicht vorstellen, wie es zu einer schlechten teuren oder aber zu einer schlechten billigen Versorgung kommen kann. Der eine Case Manager findet, dass Menschen mit Migrationshintergrund benachteiligt sind möchte Herrn Günes „alles Erdenkliche" zukommen lassen, um wenigstens von seiner Seite aus eine Kompensation zu schaffen. Der andere Case Manager ist verunsichert und blockt ab. Er streitet sich um jeden Cent mit der Familie Günes, weil er denkt, dass die ihm nur Ärger machen.

Ein multiprofessionelles Team

Die Einschätzung einer Versorgungssituation in einem multikulturellen Umfeld ist sowohl von der sozialen, geschichtlichen und aktuellen Sicht auf Fremdheit bestimmt als auch von persönlichen Sichtweisen. Diese beruhen auf eigenen Erfahrungen und Entwicklungen. Dabei entstehen Kategorien, die persönliche oder kollektive Vorurteile ausdrücken (Diabetiker sind dick, Südländer sind wehleidig, Frauen reden wie Wörterbücher usw.).

Die Auseinandersetzung mit eigenen Vorurteilen ist anstrengend und unangenehm. Wer aber sich selbst und seine eigenen Wünsche wenig kennt, wie will der herausfinden, was sein Gegenüber sich wünscht? Wer die Reflexion seines eigenen Verhaltens scheut, wie kann der sich im Konfliktfall in die Situation des anderen hineinversetzen oder sich selbst trauen? Fähigkeiten der Selbstreflexion wie die reflektierende Auseinandersetzung über Gesundheits- und Krankheitsvorstellungen, Werte- und Glaubenssysteme, Familien- und Geschlechterrollen sollten einen festen Platz in der →Weiterbildung von Case Managern einnehmen.

Diese (selbst-)reflektorischen Fähigkeiten betreffen keinesfalls nur das, was man kultursensible Kompetenz nennen könnte. Denn Unterschiede in der Herkunft, dem Geschlecht, der Bildung treffen auf die besondere Situation der Erkrankung, die soziale Einbindung, die individuelle Lebensführung und die finanzielle Absicherung.

Um mögliche Einflüsse auf eine Versorgungssituation zu verdeutlichen, sollen folgende Ebenen der Unterschiedlichkeit oder Diversität der Menschen, mit denen Case Manager zu tun haben, genannt werden:
- Alter und Geschlecht
- Einbindung in Familie, Freundeskreis, Nachbarschaft
- regionale Herkunft und ethnische, religiöse, sprachliche Zugehörigkeit
- soziale Herkunft, Beruf, Bildung
- Erkrankung (Art und Schwere), körperliche und geistige Ressourcen
- Umfang der sozialen und privaten Absicherung im Krankheits- oder Pflegefall

Es wird also deutlich, dass eine gute Kommunikation im Case Management notwendig ist, die die Situation eines Menschen reflektiert und den Rahmen einer gegebenen Struktur optimal nutzt. Menschen, die die gleiche Sprache sprechen, sind in der Kommunikation zwar im Vorteil, aber wie weit dieser Vorteil trägt, lässt sich in den täglichen Konflikten im eigenen Umfeld erfahren.

Im Verlauf des Case Management Prozesses ist es wichtig, sich immer wieder zu vergewissern, dass die eigene Interpretation mit der des Klienten übereinstimmt. Dazu hilft eine Technik des Nachfragens aus der Gesprächstherapie: „Habe ich Sie richtig verstanden, Sie möchten gerne ...?" oder „Verstehe ich Sie richtig, dass Sie ... können/nicht können?" Diese Technik passt sehr gut zu den einzelnen Schritten des Case Management-Verfahrens und sollte noch mehr eingeübt und angewandt werden.

Das Verfahren des Case Management in einem interkulturellen Team und in einer interdisziplinärer Kooperation bietet günstige Voraussetzungen, damit kulturelle Unterschiede nicht geleugnet oder aber alle Unterschiede allein als kulturelle verstanden werden.

Eine gute Kommunikation mit Klienten ist im Case Management eine wichtige Voraussetzung.

2 Ebenen der Umsetzung

Care und Case Management wirkt auf verschiedenen Versorgungsstufen und in unterschiedlichen Versorgungsbereichen: Beispielsweise werden Angebote der Grundversorgung bis hin zu speziellen Maßnahmen wie die Betreuung von sterbenden Menschen in ihrer Wohnung organisiert und koordiniert. Die Betreuung und Versorgung von Hilfebedürftigen übernehmen oftmals Fachkräfte, aber auch Angehörige, Freunde und Bekannte sind wichtige Unterstützungspersonen.

Im Case Management findet nicht nur eine Zusammenarbeit zwischen Case Managern und Patienten sowie ihren Angehörigen, sondern auch eine enge Zusammenarbeit mit anderen Einrichtungen im Sozial- und Gesundheitswesen statt. Die fallbezogene Zusammenarbeit zwischen den Case Managern, die in Organisationen eingebunden sind, und ihren Klienten wird als **Fallebene**, die fallübergreifende Zusammenarbeit in und mit anderen Einrichtungen wird als **Systemebene** bezeichnet.

Oft werden aber auch die aus dem Englischen stammenden Begriffe Care und Case Management benutzt.

Fallebene　　　　　　　Systemebene

2 Ebenen der Umsetzung

2.1 Fallebene

Case bedeutet in der Übersetzung Fall oder abgegrenzter Sachverhalt. Im Case Management steht die einzelfallorientierte Arbeit im Vordergrund. Nicht eine Gruppe von Patienten, sondern einzelne Menschen mit ihrer spezifischen Problemsituation werden betrachtet.

Die Zusammenarbeit zwischen einem Case Manager, der in einer Einrichtung eingebunden ist, und einem Patienten wird als Fallebene bezeichnet. Für die Arbeit mit Patienten sind die Rahmenbedingungen der Organisationen, die Case Management-Programme anbieten, ausschlaggebend. Je nachdem, ob die Umsetzung im Rahmen eines Krankenhausaufenthaltes oder der ambulanten Versorgung stattfindet, gestalten sich die Voraussetzungen für die Begleitung von Patienten unterschiedlich. Jedoch beeinflussen die Strukturen und Abläufe in den Einrichtungen immer die Umsetzung von Case Management.

Ist beispielsweise im Krankenhaus [→Kap. 5.1] ein zentrales CM-Programm für die Betreuung von Patienten zuständig oder arbeiten in einer Beratungsstelle [→Kap. 5.4] alle Mitarbeiter nach dem Case Management-Ansatz? Die organisatorischen Unterschiede wirken sich auf die Arbeits- und Vorgehensweisen der Case Manager aus.

2.2 Systemebene

Die Übersetzung von Care bedeutet: Fürsorge, Pflege oder Versorgung und ist somit mehrdeutig. Im Zusammenhang mit Handlungsformen im Sozial- und Gesundheitswesen wird unter Care Management eine Versorgungssteuerung und Versorgungsgestaltung verstanden. Es werden Versorgungsprozesse und -strukturen optimiert oder neue angeregt, um die Fallsteuerung zu erleichtern. Diese fallübergreifende Arbeit stellt eine entscheidende Voraussetzung für das Gelingen der personenbezogenen Fallsteuerung dar. Ein Beispiel dafür wäre eine verbesserte Zusammenarbeit zwischen dem Hausarzt eines Patienten und der ambulanten Pflegestation. Oftmals wird übergreifend für die Arbeit auf der Fall- und Systemebene der Begriff Case Management verwendet.

Die grobe Unterteilung zwischen Fall- und Systemebene kann weiter verfeinert werden. Wie in der Grafik veranschaulicht, kann Case Management als methodisches Konzept auf der personellen Handlungsebene (Mikroebene) und auf der Ebene der betrieblichen Abläufe (Mesoebene) als Verfahren in Organisationen bzw. in der Zusammenarbeit von Einrichtungen gesehen werden.

Zu den beiden Handlungsebenen kommt die politische Ebene (Makroebene). Hier werden die gesetzlichen Rahmenbedingungen für das CM gesetzt. Beispielsweise gibt es gesetzliche Vorgaben, die auf eine bessere Zusammenarbeit von Einrichtungen, die an der Versorgung von Patienten beteiligt sind, abzielen. So besteht gemäß §11 Abs. 4 SGB V [→Kap. 5.1.2] der Anspruch auf ein Versorgungsmanagement, das die Probleme bei den Übergängen zwischen den Versorgungssektoren beheben soll.

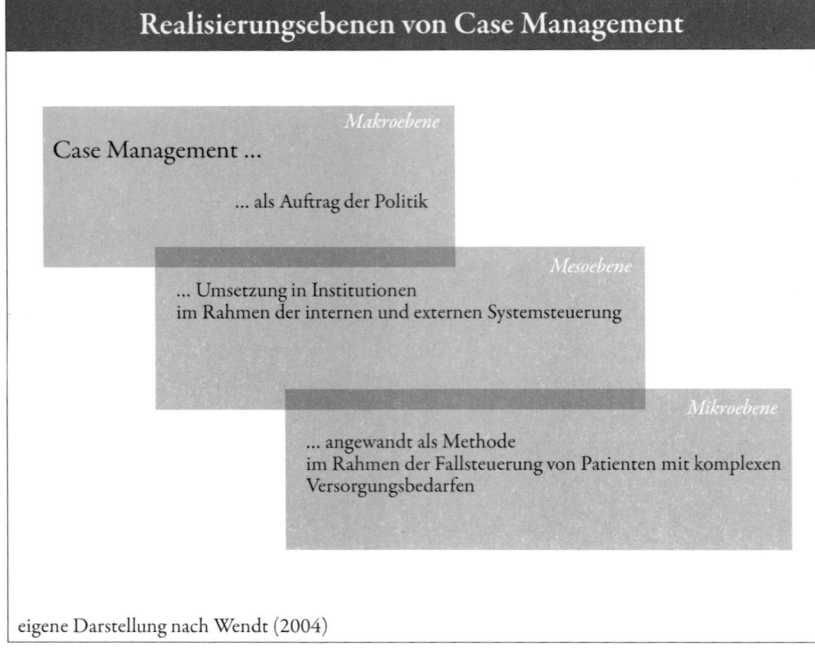

eigene Darstellung nach Wendt (2004)

2 Ebenen der Umsetzung

Mit dem Pflege-Weiterentwicklungsgesetz wurden im Sommer 2008 die →Pflegeberatung (gemäß §7 a SGB XI) und sogenannte Pflegestützpunkte (nach §92 c, SGB XI) zur Stärkung der ambulanten Versorgung eingeführt. Pflegebedürftige haben einen Anspruch auf individuelle Beratung und Hilfestellung durch einen Pflegeberater. Ziel der Beratung ist es, bei der Auswahl und Inanspruchnahme von Versorgungsleistungen individuelle Hilfestellung zu leisten. Die Pflegeberatung orientiert sich dabei an den Anforderungen des Case Management.

Bei den Pflegestützpunkten [→Kap. 5.4] handelt es sich um Einrichtungen, deren Mitarbeiter (z.b. Pflegeberater) in einer Gemeinde oder einem Stadtteil unterschiedliche Hilfsangebote untereinander vernetzen und patientenbezogen koordinieren. Das heißt, es werden Netzwerke [→Kap. 6] von unterschiedlichen Einrichtungen wie Krankenhäusern und niederlassenden Ärzten und Therapeuten sowie Pflegeeinrichtungen aufgebaut. Aktivitäten im →Sozialraum und bürgerschaftliches Engagement wie ehrenamtliche Besuchsdienste sollen gestärkt werden.

Case Management	Fallebene	Mikroebene	Patient, Fall
		Mesoebene	Einrichtungen wie Klinik oder Sozialstation
Care Management	Systemebene	Makroebene	Politische Rahmenbedingungen Vernetzung von Trägern, Institutionen und Verbänden

Die verschiedenen Ebenen der Umsetzung

3 Phasen der Umsetzung

Im Folgenden wird die Umsetzung bzw. die Anwendung von Case Management-Strategien und Instrumenten dargestellt, bezogen auf die
- Fallarbeit,
- Arbeit in Organisationen und
- in der Netzwerkarbeit.

Für eine bessere Verständlichkeit werden die Ausführungen anhand von Beispielen erläutert. Die Beschreibung der Umsetzung der Arbeitsphasen erfolgt am Fallbeispiel von Herrn Günes.

Das Case Management erfolgt wie andere prozessorientierte Managementansätze (z.B. der unten abgebildete PDCA-Zirkel) im methodischen Vorgehen nach einem Modell von einzelnen, logisch aufeinander aufbauenden Arbeitsschritten. Somit kommt den einzelnen Arbeitsphasen im CM-Prozess eine zentrale Bedeutung zu.

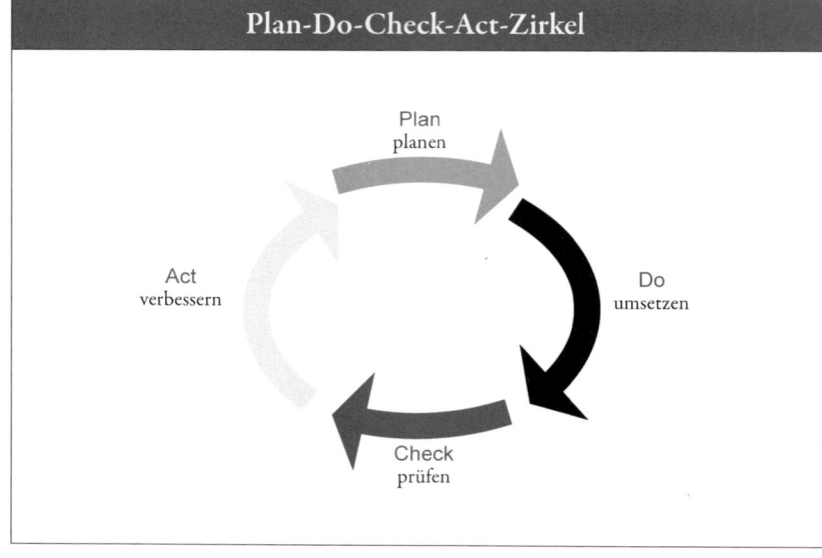

3 Phasen der Umsetzung

Die einzelnen Arbeitsphasen bauen aufeinander auf und geben einen systematischen Ablauf der Betreuung vor. Ist ein Arbeitsschritt beendet, erfolgt ein fließender Übergang zur nächsten Phase. Treten Probleme auf, werden die zurückliegenden Schritte ggf. erneut bearbeitet.

Die Bezeichnungen und die Anzahl der Arbeitsphasen variieren in der Literatur und in der Praxis. Wichtig für eine umfassende Klientenbetreuung einschließlich der Einbindung von organisations- oder systemrelevanten Bedingungen ist die vollständige Umsetzung der Arbeitsphasen des CM-Regelkreises.

Zusammenfassend lassen sich folgende fünf Arbeitsphasen unterscheiden, die in den meisten Konzepten wiederkehren.

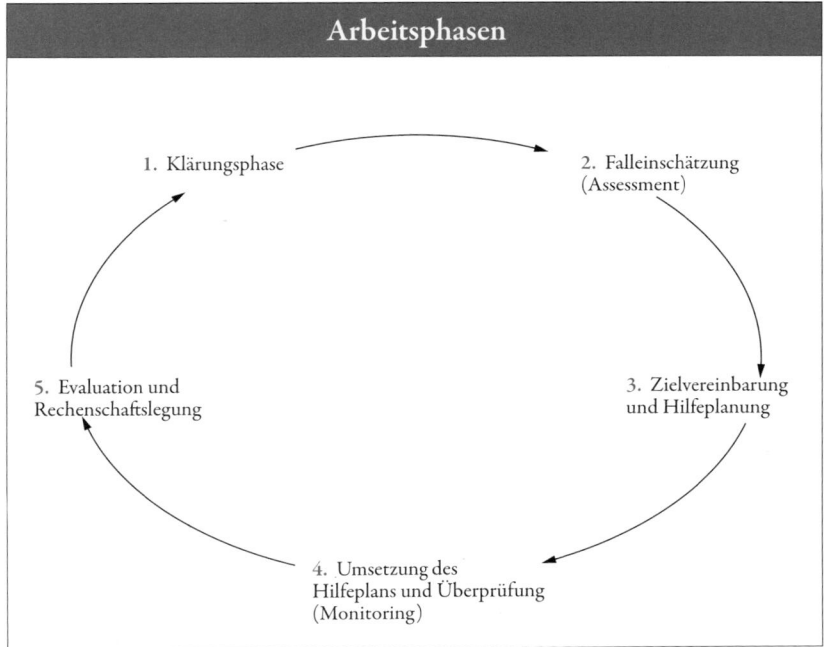

3.1 Klärungsphase

Im Vorfeld der eigentlichen Betreuung und Begleitung von CM-Klienten erfolgt ein Prozess, in dem geklärt wird, ob Klienten in ein Case Management-Programm (CMP) passen. Grundsätzlich ist eine Intervention nach dem Case Management-Ansatz sinnvoll, wenn viele Problemsituationen vorliegen. Hierzu zählen beispielsweise schwerwiegende oder chronische Erkrankungen, die mit einer unzureichenden Selbstversorgung einhergehen sowie mit fehlenden privaten oder formellen Unterstützungsleistungen.

Die Klärungsphase setzt sich aus folgenden Teilschritten zusammen:
- Konzeptionelle Ausrichtung und Reichweite eines Programms (wird im Englischen als outreach bezeichnet) [→Kap. 3.1.1],
- Festlegung und Beschreibung der Kriterien für die Auswahl von Klienten und die Gestaltung des Zugangs zum CMP (im Englischen: *case finding* und *access*) [→Kap. 3.1.2],
- die Aufnahme einzelner Personen in das Programm (im Englischen: *intake*) [→Kap. 3.1.3].

3.1.1 Konzeptionelle Reichweite

Unter der konzeptionellen Ausrichtung und Festlegung der Reichweite wird verstanden, dass die Einrichtungen, die Case Management anbieten, ihr Konzept von Case Management festhalten. Es wird beschrieben, welche Zielgruppe angesprochen ist und welche Abteilungen oder Mitarbeiter an der Umsetzung mitwirken. Beispielsweise kann eine Pflegestation neben allgemeinen Pflege- und Beratungsleistungen für eine bestimmte Patientengruppe (z.B. Menschen, die zu Hause mit Sauerstoff versorgt werden müssen) die Betreuung und Begleitung durch Case Manager anbieten. Im Konzept ist festgehalten, wie die Betreuung und Begleitung gestaltet ist. Diese Beschreibung informiert Patienten und andere Einrichtungen wie etwa Leistungsträger.

3 Phasen der Umsetzung

Zur Festlegung der konzeptionellen Ausrichtung und Reichweite werden folgende Fragestellungen betrachtet:
- Wie ist das CM in eine Organisation eingebunden? (Gibt es einen zentralen Ansprechpartner? Wie sind die Case Manager in die Organisationsstruktur eingebunden?)
- Für welche Zielgruppe ist das CMP zuständig?
- Sind Kooperationspartner über das CMP informiert, sodass sie ggf. Klienten vermitteln können?

Beispielsweise kann es einerseits in großen Organisationen wie Krankenhäusern oder Ämtern spezielle CM-Abteilungen geben, andererseits kann es in den einzelnen Abteilungen Case Manager geben, die die Betreuung von CM-Klienten übernehmen.

Auch in der ambulanten Pflege werden CM-Ansätze umgesetzt.

3.1.2 Fallauswahl

Case Management kommt in vielschichtigen, kostenintensiven Situationen zum Einsatz. In der Regel ist in solchen Fallkonstellationen eine hohe Anzahl an professionellen Helfern bereits tätig oder muss noch hinzugezogen werden. Die Herausforderung in der Klärungsphase besteht darin, gezielt die Klienten zu identifizieren, die den folgenden (allgemeinen) Kriterien entsprechen. Nach den Empfehlungen der Deutschen Gesellschaft für Care und Case Management (DGCC 2009) handelt es sich dabei um folgende Punkte:

- Es liegt eine komplexe Bedarfs- und Bedürfnissituation vor.
- Mehrere Leistungsanbieter sind beteiligt, die im Einzelfall aufeinander abgestimmt werden müssen, um integrierte Versorgung zu gewährleisten.
- Regelversorgungspfade greifen in diesen Einzelfällen nicht oder nicht ausreichend.
- Es fehlen Ressourcen des Klienten und dessen Bezugspersonen, sodass professionelle Hilfe notwendig ist.
- Grundsätzlich: Die Klienten bzw. Patienten nehmen freiwillig am Case Management teil.

Für eine wirkungsvolle Auswahl der CM-Fälle benötigt jedes CM-Programm zudem einen programmspezifischen Kriterienkatalog, der die oben genannten Kriterien spezifiziert. Zu diesen weiteren Kriterien können das Alter oder besondere Lebenssituationen, in denen Menschen häufig auf Unterstützung angewiesen sind, zählen (beispielsweise alleinstehende, kranke, ältere Menschen oder minderjährige Mütter).

Im Rahmen der Zugangsklärung ist zu berücksichtigen, ob Klienten von anderen Einrichtungen überwiesen werden oder ob sie einen direkten Zugang haben.

3.1.3 Fallaufnahme

Die Phase der Fallaufnahme beschreibt die konkrete Aufnahme der Klienten in das CM-Programm. Es ist erforderlich, Klienten über die Ziele des Case Management-Programms und den Ablauf zu informieren. Grundsätzlich sollten die Klienten freiwillig am CM-Prozess teilnehmen und über ihre Rechte und Pflichten aufgeklärt sein. Nach dem ersten Sozialgesetzbuch hat jeder Bürger Anspruch auf Aufklärung, Beratung und Auskunft. Auch nach der Pflege-Charta, Art. 5 haben hilfe- und pflegebedürftige Menschen das Recht auf umfassende Informationen über Beratungsmöglichkeiten sowie über Angebote der Hilfe, Pflege und der Behandlung.

 www.pflege-charta.de

Im Rahmen des ersten Kontaktes mit den Klienten wird zudem erfasst, welche Problemlagen vorliegen und welche Lösungsansätze bereits bestehen. In dieser ersten Kontaktphase ist es sehr wichtig, sich in einer ruhigen Atmosphäre mit den Klienten bzw. Patienten zu treffen und sich kennenzulernen. Ziel ist es, eine Vertrauensbasis zu schaffen und eine Arbeitsbeziehung aufzubauen.

Vor der eigentlichen Fallaufnahme sollten folgende Fragen geklärt werden:
- Wie gestaltet sich die Aufnahme von Klienten?
- Wie ist der Zugang zum CMP? Gibt es evtl. Wartezeiten?
- Wie sehen die Rahmenbedingungen, Rechte, Pflichten und Erwartungen aus?
- Wie sieht eine erste Einschätzung der Situation aus: Ist eine Krisenintervention erforderlich?

Wenn es dann zum Erstgespräch kommt, kann die folgende Checkliste nach Cesta et al. (1998) hilfreich sein:
- die Organisation, die eigene Person und Funktion in der Organisation vorstellen
- dem Klienten Interesse entgegenbringen und Vertrauen herstellen, indem beispielsweise nach dem Herkunftsort- oder Land gefragt wird. Auf einer Weltkarte im Büro kann sich der Ort gemeinsam angeschaut werden.
- für ein ruhiges und ungestörtes Treffen sorgen, das nicht durch Telefonklingeln o.ä. unterbrochen wird
- den anstehenden Case Management-Prozesses erläutern
- die Menschen nach ihren Erwartungen und Bedürfnissen fragen.
- erstes Erfassen der Fallsituation: welche Probleme stehen im Vordergrund? Welche Lösungsmöglichkeiten gibt es vielleicht schon?
- Einschätzen der Situation: Ist ggf. eine Krisenintervention erforderlich?
- die nächsten Schritte vereinbaren und Kontaktmöglichkeiten klären (Telefonnummern, Sprechzeiten usw.)

Ein Erstgespräch

3.1.4 Anwendung Fallbeispiel: Klärungsphase bei Herrn Günes

In einem Gespräch mit Herrn und Frau Günes sowie der Tochter bespricht die Krankenhaussozialarbeiterin Frau Spange, dass im Team die Verlegung in eine Rehabilitationsklinik angesprochen wurde. Da über den Aufenthalt in der Rehabilitationsklinik hinaus ein Hilfebedarf zu erwarten ist, fragt die Sozialarbeiterin die Familie Günes nach ihren Vorstellungen hinsichtlich der weiteren Versorgung. Herr und Frau Günes möchten, dass Herr Günes bald wieder nach Hause kommt. Sie wissen jedoch nicht, wer auf welche Weise die organisatorischen Angelegenheiten klären kann (Beantragung Pflegeversicherung, Wohnraumanpassung, Beschaffung von Pflegehilfsmitteln). Die Tochter äußert darüber ebenfalls Bedenken. Sie möchte ihren Eltern helfen, ist aber durch ihre berufliche und familiäre Situation sehr eingespannt.

Die Sozialarbeiterin bespricht die Möglichkeit, an einem Case Management-Programm eines Pflegestützpunktes teilzunehmen. Die Familie Günes äußert sich hierzu positiv und gibt der Sozialarbeiterin die Erlaubnis, die Case Managerin des Pflegestützpunktes zu informieren und die relevanten medizinischen Daten sowie Angaben zu Herrn Günes zu übermitteln.

Einige Tage später findet im Krankenhaus ein Treffen mit Herrn und Frau Günes, der Tochter Ayfer, der Sozialarbeiterin Frau Spange und dem Entlassungsmanager Herrn Wald statt. Die anstehende Verlegung in eine Rehaklinik wird besprochen und die erforderlichen Formalitäten werden erledigt.

Frau Spange berichtet, dass sie mit der Mitarbeiterin des regionalen Pflegestützpunktes Kontakt aufgenommen hat und die Case Managerin Frau Becker die Familie Günes betreuen könnte.

Die Sozialarbeiterin gibt Frau Günes zum Abschied Informationen über die Rehaklinik, über den Pflegestützpunkt in türkischer Sprache und die Kontaktdaten der Case Managerin Frau Becker. Es wird vereinbart, dass Frau Becker Herrn Günes während des Aufenthaltes dort besucht. Sie wird mit der Familie Günes über die weitere Versorgung nach der Entlassung aus der Rehaklinik sprechen. Zudem bespricht Frau Stange mit den Eheleuten, dass sie einen Antrag auf Leistungen der Pflegeversicherung stellen wird.

Nach drei Wochen Aufenthalt in der Rehaklinik hat Herr Günes einige kleine Fortschritte gemacht. Er kann sich selber vom Bett in den Rollstuhl bzw. auf den Toilettenstuhl setzen. Zubereitete Mahlzeiten isst er mit entsprechenden Hilfsmitteln (z.B. rutschfeste Unterlage) selbstständig. Die Case Managerin Frau Becker besucht Herrn Günes in der Rehaklinik, um das Case Management-Programm und die Betreuungsmöglichkeiten zu besprechen. Herr und Frau Günes möchten das CM-Programm in Anspruch nehmen und geben Frau Becker eine schriftliche Bestätigung darüber, dass die Case Managerin relevante medizinische Informationen von den behandelnden Ärzten in der Klinik und dem Hausarzt einholen kann.

Für die Aufnahme in das CMP spricht, dass Herr Günes
- einen schweren Schlaganfall mit schweren Folgen hatte (eingeschränkte Mobilität),
- weiterhin auf Hilfsmittel (Rollstuhl) angewiesen sein wird,
- Leistungen der Pflegeversicherung benötigt,
- im Umgang mit seiner Diabetes-Erkrankung geschult werden muss.
- Es bestehen kaum Unterstützungsmöglichkeiten in der Familie, da die Ehefrau selber krank ist. Die Tochter muss sich um ihre Familie kümmern und der Sohn hat mit seinen beruflichen Veränderungen zu tun.
- Für eine häusliche Versorgung von Herrn Günes müssen professionelle Helfer wie Pflegekräfte und Therapeuten eingesetzt werden.

Ein weiterer Besuchstermin in der Klinik wird verabredet.

3.2 Falleinschätzung (Assessment)

Die Falleinschätzung beinhaltet die Erhebung, Bewertung und Dokumentation von Informationen. Das Wort Assessment ist von dem englischen Verb *to assess* abgeleitet und bedeutet abschätzen, einschätzen und bewerteten. Im Case Management-Prozess werden in der Falleinschätzung die Bedürfnisse, Erwartungen, Probleme, Fähigkeiten und Wünsche der Klienten festgestellt, zudem schließt die Falleinschätzung das soziale Umfeld der Klienten ein. Berücksichtigt werden Informationen aus Sicht der Patienten und deren Bezugspersonen (Lebenspartner, Kinder, Eltern oder anderen Bekannten und Verwandten). Aber auch Informationen von Ärzten oder Beratern werden einbezogen.

Für eine möglichst umfassende Einschätzung der Situation gilt es, folgende Themenbereiche zu berücksichtigen:
- Informationen zur Person (Alter, Familienstand, Angehörige, Beruf, Kulturzugehörigkeit)
- Hinweise zur Wohnsituation (Wohnung, Haus, Größe)
- Auskünfte zur finanziellen Lage (Einkommen, Rente, Vermögen, Leistungen der Pflegeversicherung, Auto usw.)
- Angaben zum Gesundheitszustand:
  - Aktivitäten des täglichen Lebens
  - Fortbewegung, Mobilität, Transfers,
  - Kommunikationskompetenzen
  - soziale und kognitive Fähigkeiten
  - Einschätzung des Gesundheitszustandes (z.b. Schmerzerleben, Lebensqualität)

Für die Datensammlung stehen mehrere standardisierte Erhebungsinstrumente zur Verfügung. Standardisiert bedeutet, dass es sich um festgesetzte Bereiche, Aufgaben oder Fragestellungen handelt. Werden diese Informationen zu verschiedenen Zeitpunkten, beispielsweise zu Beginn einer Behandlung und zum Ende, wiederholt, lassen sich ggf. Unterschiede feststellen.

Abhängig von den einzelnen Einsatzbereichen wie Krankenhaus oder ambulanter Pflegedienst werden unterschiedliche Assessmentinstrumente eingesetzt. Zu den häufig verwendeten Instrumenten zählen die Funktionale Selbstständigkeitsmessung (im Engl. *Functional Independence Measure*, Abkürzung FIM) oder der Barthel-Index. Der FIM ermittelt die Selbstständigkeit der Aktivitäten des täglichen Lebens sowie die psychosoziale Situation. Hierfür werden sechs Bereiche berücksichtigt:
- Selbstversorgung
- Kontinenz
- Transfers
- Fortbewegung
- Kommunikation
- kognitive Fähigkeiten

3 Phasen der Umsetzung

Patientenaufkleber

FIM - Funktionale Selbständigkeitsmessung

Aufnahme ☐   Verlauf-Nr ☐   Entlassung ☐   Datum _____

Selbstversorgung	1	2	3	4	5	6	7	Anmerkungen
A	Essen/Trinken							
B	Körperpflege							
C	Baden/Duschen/Waschen							
D	Ankleiden oben							
E	Ankleiden unten							
F	Intimhygiene							

Kontinenz								
G	Blasenkontrolle							
H	Darmkontrolle							

Transfers								
I	Bett/Stuhl/Rollstuhl							
J	Toilettensitz							
K	Dusche/Badewanne							

Fortbewegung								
L	Gehen/Rollstuhl							
M	Treppensteigen							

Kommunikation								
N	Verstehen akustisch/visuell							
O	Ausdruck verbal/nonverbal							

Kagnitive Fähigkeiten								
P	Soziales Verhalten							
Q	Problemlösung							
R	Gedachtnis							

Unterschriften

Pflege _____   FIM-Experte/in _____   Chef/Oberarzt _____

Version 1997 1

Erhebungsbogen (Quelle: IVAR Internationale Vereinigung für Assessment in der Rehabilitation)

Teil B

Patientenaufkleber

FIM - Funktionale Selbständigkeitsmessung

Selbstversorgung	A	E
A Essen/Trinken	☐	☐
B Körperpflege	☐	☐
C Baden/Duschen/Waschen	☐	☐
D Ankleiden oben	☐	☐
E Ankleiden unten	☐	☐
F Intimhygiene	☐	☐

A helle Fläche: Aufnahme
E dunkle Fläche: Entlassung

Aufnahmedatum _____
Entlassungsdatum _____

Kontinenz
G Blasenkontrolle
H Darmkontrolle

Transfers
I Bett/Stuhl/Rollstuhl
J Toilettensitz
K Dusche/Badewanne

Fortbewegung
L Gehen/Rollstuhl
M Treppensteigen

Kommunikation
N Verstehen akustisch/visuell
O Ausdruck verbal/nonverbal

Kognitive Fähigkeiten
P Soziales Verhalten
Q Problemlösung
R Gedächtnis

Erläuterung der Funktionsstufen
1 Völlige Unselbständigkeit
2 Ausgeprägte Hilfestellung
3 Mäßige Hilfestellung
4 Kontakthilfe
5 Beaufsichtigung/Vorbereitung
6 Eingeschränkte Selbstständigkeit
7 Völlige Selbstständigkeit

Version 1997 1

Beispiel für einen Erhebungsbogen: Zu den einzelnen Bereichen werden die Selbstständigkeit und Kompetenz bezogen auf einzelne Merkmale erfasst. Für den Bereich Selbstversorgung wird beispielsweise festgehalten, wie selbstständig Patienten essen und trinken können oder inwieweit Hilfe beim Ankleiden benötigt wird. Die Einschätzung der Selbstständigkeit erfolgt in sieben Abstufungen von völlig selbstständig (Stufe 7) bis völlig unselbstständig (Stufe 1).

3 Phasen der Umsetzung

3.2.1 Netzwerkanalyse

Ziel der Netzwerkanalyse ist es, die **sozialen Kontakte** der Klienten zu erfassen und zu visualisieren, also bildhaft darzustellen [→Kap. 3.2.2]. Neben den strukturellen Merkmalen, wie die Anzahl von Familienangehörigen oder Freunden, sind auch die sozialen Beziehungen (Interaktionen) von Interesse. Beispielsweise können in kleinen Familien die Beziehungen der Familienmitglieder untereinander so angespannt sein, dass wenige Kontakte und Unterstützungspotenziale vorhanden sind. Andererseits können großen Familien sich regelmäßig treffen und sehr enge, wechselseitige Beziehungen pflegen.

Zusätzlich zu den familiären und freundschaftlichen Kontakten wird erfasst, zu welchen **formellen Helfern** wie Ärzten oder Beratern die Klienten bereits Kontakt haben. Die Arbeit mit den sozialen Netzwerken der Klienten ist ein sensibler Prozess, der Vertrauen und eine positive Arbeitsatmosphäre voraussetzt. Netzwerke können spontan als Stehgreifzeichnung im Rahmen eines Gespräches visualisiert werden und sich durch Fragen des Case Managers entwickeln.

Mögliche Fragestellungen im Rahmen der Netzwerkanalyse sind:
- Welche Personen gehören zum privaten sozialen Netzwerk des Patienten (Familie, Freunde, Nachbarn)?
  – Mit wem werden aktuelle Ereignisse ausgetauscht (Neuigkeiten aus der Nachbarschaft oder Stand der Fußball-Bundesliga)?
  – Wer übernimmt das Leeren des Briefkastens im Urlaub?
  – Wer gießt die Blumen?
- Welche Personen gehören zu den formellen sozialen Netzwerken des Patienten (Mitarbeiter in Ämtern, Ärzte, Berater, Therapeuten usw.)?
- Welche Personen haben untereinander Kontakt?
- Welche Personen unterstützen den Patienten?
- In welcher Weise erfolgt die Unterstützung?
- Für welche Bereiche besteht noch Unterstützungsbedarf (z.B. hauswirtschaftliche Versorgungen oder bei dem Erledigen des „Papierkrams")?

- Welche Personen des informellen sozialen Netzwerkes könnten vielleicht weitere Ressourcen sein?
- Welche zusätzlichen formellen Hilfen könnten die Versorgungssituation verbessern?

Die Möglichkeiten, soziale Netzwerke bildlich darzustellen, sind vielfältig. Zu den gängigen Instrumenten zählen: →Genogramme (Familienstrukturen), Soziogramme [→Kap. 3.2.2] und Netzwerkkarten [→Kap. 3.4.1].

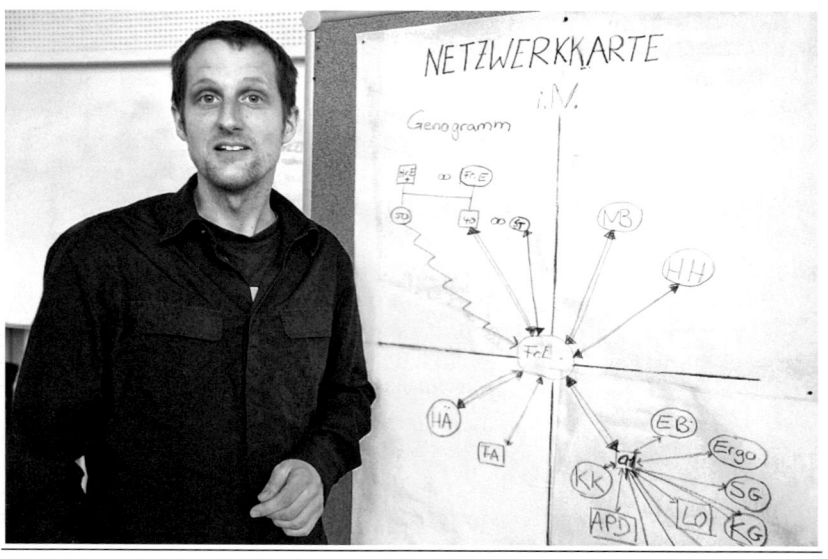

Für die Netzwerkanalyse sind Visualisierungen hilfreiche Instrumente.

3 Phasen der Umsetzung

Zu den Vorteilen einer Visualisierung von sozialen Netzwerkstrukturen und -beziehungen zählen nach Neuffer (2009):
- Alle Personen oder Einrichtungen, die für einen Klienten sowohl im positiven als auch negativen Sinn von Bedeutung sind, werden dargestellt.
- Auf einen Blick ist zu erkennen, wer zurzeit mit dem Patienten Kontakt hat. Es handelt sich um eine Momentaufnahme, daher ist es sinnvoll, eine solche Darstellung zu verschiedenen Zeitpunkten zu wiederholen.
- Die bildliche Darstellung der sozialen Kontakte stellt eine Abwechslung zur verbalen Kommunikation dar und kann die Gesprächssituation auflockern.
- Eine Wechselwirkung zwischen Familienmitgliedern, Freunden und Mitarbeitern aus Einrichtungen wird sichtbar. Dies erleichtert die Betrachtung und Bewertung eines Falls.

Werden die sozialen Netzwerke mit den Klienten besprochen und visualisiert, wird oftmals deutlich, dass die Problemsituationen von den verschiedenen Beteiligten unterschiedlich wahrgenommen werden. An dieser Stelle setzt die Problemanalyse [→Kap. 3.2.3] an.

3.2.2 Anwendung Fallbeispiel: Soziale Netzwerkanalyse Familie Günes

Die Case Managerin Frau Becker besucht Herrn Günes während seines Aufenthaltes in der Rehaklinik einige Male. Zu den Treffen ist immer Frau Günes anwesend und teilweise auch die Tochter Ayfer. Wenn die Tochter nicht mitkommen kann, unterstützt eine Krankenschwester, die Türkisch spricht, Frau Günes.

Frau Becker erfährt einiges über die familiäre Situation: Die Eltern von Herrn und Frau Günes sind bereits vor längerer Zeit verstorben. Herr Günes hat eine Schwester und einen Bruder, die beide mit Ihren Familien in der Türkei leben. Frau Günes hat zwei Brüder. Ein Bruder ist bereits vor vielen Jahren an den Folgen eines Herzinfarktes gestorben. Die familiären Strukturen sind im →Genogramm visualisiert.

Genogramm Familie Günes

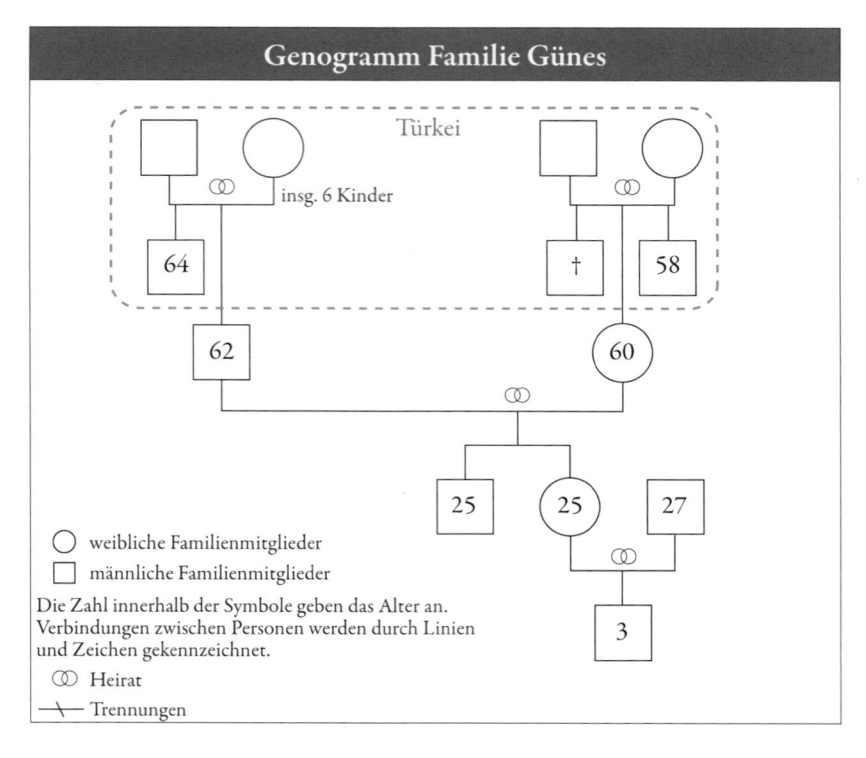

Türkei
insg. 6 Kinder

64 † 58

62 — 60

25 — 25 27

3

○ weibliche Familienmitglieder
□ männliche Familienmitglieder
Die Zahl innerhalb der Symbole geben das Alter an.
Verbindungen zwischen Personen werden durch Linien und Zeichen gekennzeichnet.
⚭ Heirat
⊢ Trennungen

Herr Günes war vor seinem Schlaganfall selten beim Arzt. Er und seine Frau haben einen Hausarzt, zu dem sie seit vielen Jahren gehen. Frau Günes besucht zusätzlich noch regelmäßig eine Kardiologin.

Über die privaten Kontakte teilen die Eheleute mit, dass die Nachbarn in ihrem Wohnhaus alle freundlich sind, jedoch keine näheren Beziehungen bestehen. Neben ein paar Frauen, die Frau Günes aus ihrem Kiez kennt, hat sie keine engeren Freundschaften. Herr Günes nennt seinen ehemaligen Arbeitskollegen, der ihn auch schon in der Rehaklinik besucht hat. Herr Günes erzählt von seinem Garten und ist beunruhigt, wer sich um die anstehende Arbeit im Frühling kümmern wird. Weiterhin ist Herr Günes sehr besorgt über das Verhalten seines Sohnes, der sich immer mehr aus dem Familienleben zurückzieht.

3 Phasen der Umsetzung

Die sozialen Kontakte sowie die Beziehungen zu den Personen werden in dem unten stehenden →Soziogramm dargestellt.

Von den behandelnden Ärzten und dem therapeutischen Team hat Frau Becker erfahren, dass Herr Günes langfristig auf einen Rollstuhl angewiesen sein wird, um längere Strecken zurückzulegen. In seiner häuslichen Umgebung könnte Herr Günes mit einem Rollator oder Dreipunktstock mit Unterstützung kurze Strecken zurücklegen. Die sprachliche Verständigung hat sich erheblich verbessert, seine Aussprache ist inzwischen wieder gut verständlich.

Da Herr Günes in zehn Tagen entlassen werden soll, wird für ihn in zwei Tagen eine Helferkonferenz [→Kap. 3.4.4] stattfinden.

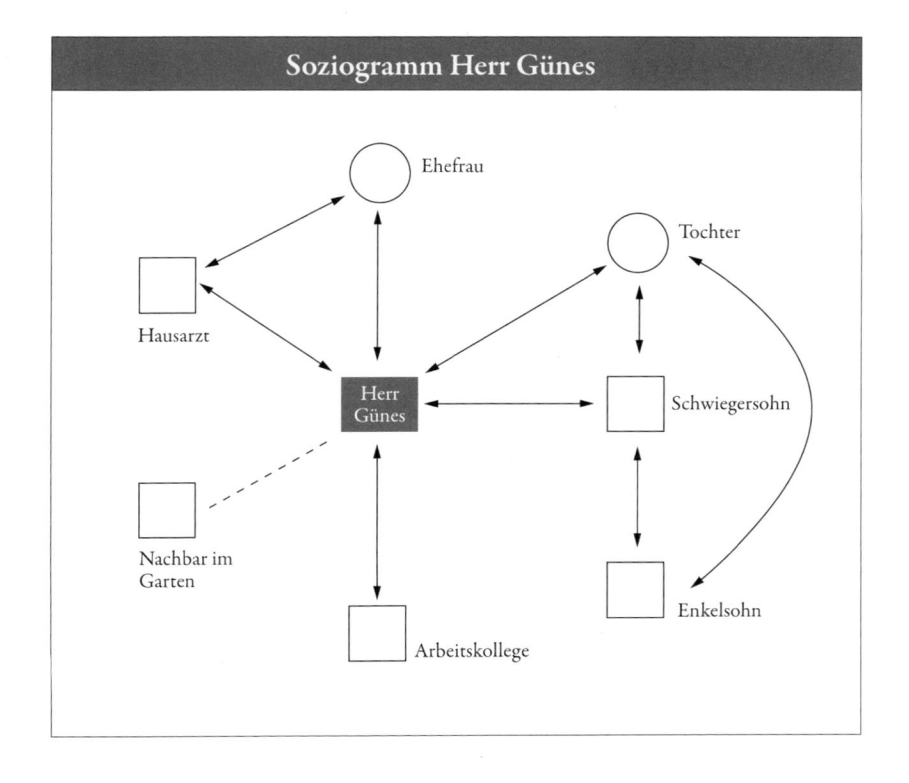

Soziogramm Herr Günes

(Diagramm mit Herrn Günes im Zentrum und Verbindungen zu: Ehefrau, Tochter, Hausarzt, Schwiegersohn, Nachbar im Garten, Enkelsohn, Arbeitskollege)

3.2.3 Problemanalyse

Grundsätzlich bezeichnen Probleme Mangelsituationen bezüglich der Bedürfnisbefriedigung in körperlicher, psychischer oder sozialer Hinsicht. Der Psychologe Abraham Maslow (1908–1970) hat eine Reihenfolge von wesentlichen Bedürfnissen in der sogenannten Bedürfnispyramide formuliert. Er geht davon aus, dass, wenn Grundbedürfnisse wie Essen und Schlafen nicht ausreichend befriedigt werden können, die Erfüllung weiterer Bedürfnisse wie Anerkennung und Selbstverwirklichung problematisch ist. Anzumerken ist, dass die von Maslow festgelegte Reihenfolge nicht für alle Menschen gleich ist, da jedes Individuum eigene Maßstäbe und Wertungen hat. Van Riet und Wouters (2002) beschreiben, dass im Rahmen des Case Management der Fokus oftmals auf den ersten beiden Stufen der Bedürfnispyramide liegt und empfehlen für eine gute Falleinschätzung, die individuellen Bedürfnisse der Klienten auch auf die weiteren Stufen (3.–5. Stufe) zu beziehen.

Probleme können Abweichungen von z.B. gesellschaftlichen Normen darstellen und sind nicht objektiv, sondern abhängig vom jeweiligen Beobachter. Im Rahmen einer Problemanalyse ist daher eine umfassende Betrachtung der Situation aus unterschiedlichen Perspektiven wichtig. Problembeschreibungen sollen dokumentieren, wer wann welches Problem wahrnimmt. Dies wird als Problemanalyse bezeichnet.

Bei der Falleinschätzung werden insbesondere die Stärken und Fähigkeiten der Klienten erfasst. Im Sinne der Lösungsorientierung [→Kap. 1.4] wird davon ausgegangen, dass Probleme nicht fortwährend bestehen, sondern Schwankungen unterworfen sind. So hat ein Mensch mit einer Alkoholsucht manche Tage, an denen es ihm besser geht und er weniger trinkt. Diese Ausnahmen und Ressourcen gilt es zu erkunden.

Pyramide der Bedürfnisse

Bedürfnis nach Selbstverwirklichung
Selbsterfüllung durch die Verwirklichung der in der eigenen Person angelegten Möglichkeiten und Fähigkeiten, Bedürfnis nach Verstehen und Einsicht

----

Bedürfnis nach Selbstachtung, Wertschätzung und Achtung
Bedürfnis nach Leistung, nach Geltung, nach Zustimmung

Bedürfnis nach sozialer Bindung
Bedürfnis nach Liebe, nach Zärtlichkeit, nach Geborgenheit, nach sozialem Anschluss, nach Identifikation, nach Vertrauen, nach Kontakt und Zuwendung

----

Bedürfnis nach Sicherheit
Bedürfnis nach Ordnung, nach Zuverlässigkeit, Gesetzlichkeit und Verhaltensregelung, Schutz vor Schmerz, Furcht, Angst und Unordnung (Chaos)

Physiologische Bedürfnisse
Hunger, Durst, Sexualität, Schlaf – Bedürfnis nach Versorgung, Nahrung, Kleidung und Wohnung

Bedürfnispyramide nach Abraham Maslow

3.2.4 Anwendung Fallbeispiel: Problemanalyse Herr Günes

In der folgenden Tabelle sind die Befürchtungen und Sorgen einzelner Familienmitglieder und Helfer angesichts der anstehenden Entlassung von Herrn Günes festgehalten. Es sind beispielhaft einige Beteiligte und deren Problemsicht dargestellt.

Herr Günes	Ich bin auf fremde Hilfe angewiesen. Ich möchte nicht in ein Heim. Ich kann keine langen Strecken laufen. Ich kann mich nicht um meinen Garten kümmern.
Frau Günes	Ich weiß nicht, wie ich meinem Mann in der Wohnung helfen soll. Wie kann mein Mann aus der Wohnung kommen? Können wir zurück in die Türkei?
Tochter Ayfer	Meine Eltern werden nicht allein zurechtkommen. Ich muss mich um meine Familie kümmern. Ich kann meine Arbeit nicht aufgeben, um meinen Eltern zu helfen. Mein Bruder müsste sich mehr kümmern. Meine eigene Familie braucht mich.
Sohn Özil	Ich habe ein schlechtes Gewissen, weil ich mich um meine Eltern kümmern sollte. Ich will nicht meinen Arbeitsplatz verlieren. Hoffentlich ist die Situation bald geklärt.
Hausarzt	Herr Günes wird mit den Insulinspritzen überfordert sein. Der Gesundheitszustand der Ehefrau ist so schlecht, dass sie sich nicht überfordern darf. Ich bin in der Praxis ausgelastet und kann keine Hausbesuche machen.
Krankenkasse	Wir wollen weitere Rehabilitations-Maßnahmen nur finanzieren, wenn eine Aussicht auf weitere Fortschritte besteht.
Case Managerin	Die Finanzierung und Organisation für eine ambulante Rehabilitation ist noch unklar. Werden die Eheleute Günes die Unterstützung von einem Pflegedienst akzeptieren?

3.2.5 Ressourcenanalyse

Bezogen auf einen Menschen sind Ressourcen die Stärken und Fähigkeiten, die eine Person besitzt. Aber auch in einem Stadtteil gibt es Ressourcen wie Beratungsstellen, Begegnungsstätten oder Vereine. In der ressourcenorientierten Arbeit geht man davon aus, dass jeder Mensch über positive Eigenschaften, Fähigkeiten und Stärken verfügt, die es ermöglichen, ein selbstbestimmtes und nach Möglichkeit ein selbstständiges Leben zu führen.

Über die eigenen Fähigkeiten der Menschen hinaus werden Unterstützungsmöglichkeiten in der →Lebenswelt gesucht. Hierzu zählen Personen aus dem Freundeskreis oder der Nachbarschaft, zu denen eine positive Beziehung besteht und die den Patienten unterstützen, indem sie Zeit für eine Unterhaltung haben oder eine Besorgung erledigen.

Man kann Ressourcen unterscheiden nach:
- persönlichen Eigenschaften wie Mut oder Kontaktfreude
- Stärken und Fähigkeiten wie Hobbys oder positive Erfahrungen
- positiven privaten Kontakten und Beziehungen in der Lebenswelt, d.h. unterstützende Beziehungen zu Verwandten, Freunden, Nachbarn
- Kontakten zu Einrichtungen (Ämtern etc.), Helfern (auch Ärzten etc.), Vereinen etc.
- materiellen Ressourcen: Geld (Einkommen, Ersparnisse), aber auch (Wert-)Gegenstände wie Wohnung, Auto etc.
- kulturellen Ressourcen wie Orientierung und Unterstützung durch Glauben und Werte oder den kulturellen Hintergrund

Zur Darstellung von Ressourcen kann mit der sogenannten Ressourcenkarte (Haye und Kleve 2006) gearbeitet werden. In einer Vier-Felder-Tabelle werden festgehalten:
1. persönliche Eigenschaften,
2. positive soziale Kontakte
3. unterstützende Kontakte im öffentlichen Sozialraum sowie
4. materielle Ressourcen.

Die Arbeit mit den Ressourcen der Klienten stellt einen wesentlichen Baustein zum Gelingen von Case Management dar. Die Fähigkeiten der Klienten sollen aktiviert und gestärkt werden. Dieser Prozess wird als Empowerment bezeichnet. Werden die Klienten unterstützt, sich entsprechend ihren Wünschen (möglichst) selbst zu versorgen, können langfristig professionelle Hilfeleistungen reduziert werden. Eine ressourcenorientierte Arbeit trägt zudem dazu bei, die Widerstandsfähigkeit (Resilienz) zu stärken und Hilfe zur Selbsthilfe zu fördern.

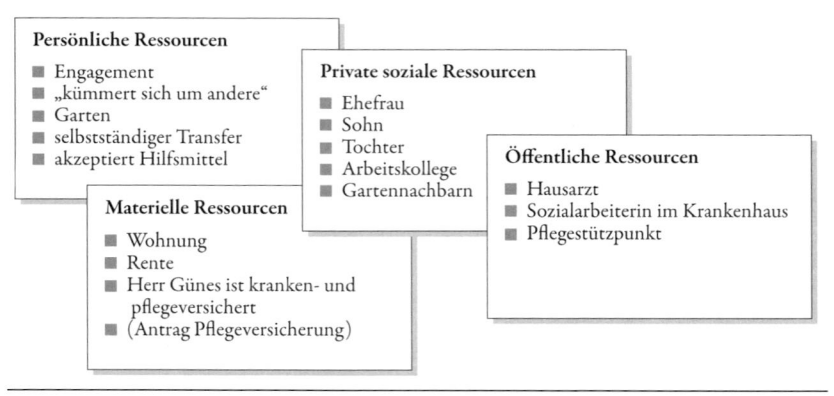

Persönliche Ressourcen
- Engagement
- „kümmert sich um andere"
- Garten
- selbstständiger Transfer
- akzeptiert Hilfsmittel

Private soziale Ressourcen
- Ehefrau
- Sohn
- Tochter
- Arbeitskollege
- Gartennachbarn

Öffentliche Ressourcen
- Hausarzt
- Sozialarbeiterin im Krankenhaus
- Pflegestützpunkt

Materielle Ressourcen
- Wohnung
- Rente
- Herr Günes ist kranken- und pflegeversichert
- (Antrag Pflegeversicherung)

Ressourcenkarte von Herrn Günes

Für eine gelingende Falleinschätzung ist es wichtig, die →Lebenswelt der Klienten zu kennen. Hierfür benötigen Case Manager neben regionalen Kenntnissen zu Wohnort und Wohnumgebung auch Einblicke in die Wohnsituation. Durch aufsuchende Arbeit, beispielsweise durch →Hausbesuche lernen die Case Manager die Klienten in ihrer Welt kennen, in der sie die Experten sind. Die Hausbesuche sollen den Klienten den Vorteil verschaffen, professionellen Helfern in einer Umgebung zu begegnen, in der sie sich wohlfühlen. Ein Besuch bei den Klienten zu Hause kann jedoch als Kontrolle wahrgenommen werden. Indem Case Manager fragen, an welchem Ort sich die Klienten gern treffen möchten, etwa in einem Café oder in einem Park, kann das Vertrauensverhältnis gestärkt werden.

3.3 Zielformulierung und Hilfeplanung

Ziel der ersten Gespräche mit den Patienten ist es, einen Einblick in die problematische Situation, die Ressourcen der Betroffenen sowie in die bereits erfolgten Lösungsversuche zu bekommen. Die Anzahl und Dauer der Gespräche, die nötig sind, um einen umfassenden Blick auf die Situation der Patienten zu bekommen, kann nicht eindeutig benannt werden. Wie und wie lange dieser Prozess verläuft, ist abhängig von den jeweiligen Personen, die daran beteiligt sind. Die Grenze zwischen Falleinschätzung und Formulierung von Perspektiven und Zielen ist fließend.

In der Arbeitsphase der Zielformulierung und Hilfeplanung werden auf Grundlage einer Bedarfseinschätzung gemeinsam mit den Klienten kurz- und langfristige Versorgungsziele formuliert. Vielen Betroffenen, die im Rahmen von Case Management-Programmen betreut werden, fällt es schwer, ihre Perspektiven und Ziele zu benennen. Bedingt durch eine Problemfokussierung, die oftmals durch die professionellen Helfer noch verstärkt wird, gelingt es den Klienten nicht, eine positive Entwicklung zu sehen. Die Zukunft erscheint für sie aussichtslos.

Die Wahrnehmung der Probleme sollte von den Case Managern respektiert werden, denn eine Abwertung der Probleme würde eher zu Missverständnissen führen und einer Vertrauensbildung von Seiten der Patienten wahrscheinlich im Weg stehen. Gleichwohl ist es wichtig zu signalisieren, dass Probleme zum Leben dazugehören und in der Regel bewältigt werden können. Für die Lösung von Problemen stehen meistens sogar mehrere Möglichkeiten zur Verfügung. Im Betreuungsverlauf suchen Patienten und Case Manager gemeinsam nach solchen Lösungsmöglichkeiten. Entscheidend ist hierbei, dass die Betroffenen ihr Ziel selbst herausfinden können. Viele Helfer agieren in diesem Arbeitsschritt schnell und formulieren Ziele für die Patienten – in der Annahme, dass sie wissen, was ihre Klienten oder Patienten brauchen. Umgekehrt sind die Betroffenen der Meinung, dass die professionellen Helfer schon wissen werden, was gut ist.

Erst im weiteren Verlauf zeigt sich oft, dass die Zielformulierung voreilig war, z.b. Gehhilfen oder andere Hilfsmittel nicht genutzt werden, da die Handhabung in der Wohnung unpraktisch ist.

Im Zielfindungsprozess kommt der Beteiligung der Klienten eine bedeutende Rolle zu. Die Zielformulierung sollte die Bedürfnisse und Wünsche der Klienten berücksichtigen und nicht aus Sicht der professionellen Helfer formuliert sein. Ziele beschreiben einen positiven Zustand in der Zukunft. Wichtig ist es daher, dass die Patienten mit Unterstützung der Case Manager ihre Ziele formulieren und eine gemeinsame Entscheidungsfindung erfolgt, wie diese Ziele umgesetzt werden können.

3.3.1 Zielebenen

Bei der Zielformulierung wird zwischen unterschiedlichen Zielebenen, den Global-, Rahmen- und Handlungszielen unterschieden.

Globalziel
Rahmenziele
Handlungsziele

Zielebenen

Globalziele sind Visionen oder Vorstellungen, die Klienten haben und die sie motivieren, ihre Probleme zu bewältigen. Oftmals sind sich Klienten über ihre Ziele nicht bewusst, sie verharren in den aktuellen Problemen und haben noch nicht den Blick in die Zukunft. Ihnen muss oftmals geholfen werden, über den „Problemberg" zu sehen und dahinter die Zukunft ohne die problematische Situation zu erkennen.

3 Phasen der Umsetzung

Solche Visionen oder Globalziele sind kreativ und anregend. Zur Umsetzung sind jedoch viele kleine Schritte erforderlich und es ist sinnvoll, sogenannte **Rahmenziele** abzuleiten. Rahmenziele fassen kleine Schritte thematisch zusammen. Ein Beispiel für ein Rahmenziel ist der Wunsch eines älteren Menschen, nach einem Krankenhausaufenthalt trotz Einschränkungen in der Mobilität in der eigenen Wohnung zu leben. Um dieses Ziel zu erreichen, müssen Bereiche (Rahmenziele) wie z.B. die finanziellen Angelegenheiten und die Organisation der pflegerischen und hauswirtschaftlichen Versorgung geklärt werden. Zudem werden für diese einzelnen Bereiche entsprechende **Handlungsziele** wie die sofortige Beantragung von Leistungen der Pflegeversicherung durch den Case Manager festgelegt.

Handlungsziele werden nach den SMART-Kriterien formuliert, d.h. sie sollten spezifisch, small (klein), messbar, akzeptabel, realistisch und terminiert sein.

Spezifisch: konkret, eindeutig, präzise, schriftlich
Messbar: wer, was, wann, wie oft, wie viel
Attraktiv: akzeptabel, motivierend
Realistisch: wenige, dafür aber erreichbare Teilziele
Terminiert: mit Zeitpunkt und Überprüfungstermin

Durch die konsequente Einbindung und Beteiligung der Klienten in den Zielfindungsprozess werden eine erfolgreiche Umsetzung der Ziele und eine nachhaltige Versorgung angestrebt.

3.3.2 Anwendung Fallbeispiel: Zielformulierung von Herrn Günes

Etwa zwei Wochen vor der geplanten Entlassung aus der Rehaklinik findet ein weiteres Treffen mit der Case Managerin Frau Becker, den Eheleuten Günes sowie Ayfer und Özil statt.

Ayfer berichtet sehr aufgeregt, dass ihr Mann einen schlimmen Asthmaanfall hatte und sie sich stärker um ihre Familie kümmern muss. Sie weiß nicht, wie sie noch Zeit finden soll, ihre Eltern zu unterstützen. Özil hat seit Neuestem die Aussicht auf eine Arbeitsstelle als Verkäufer im Fachhandel. Das bedeutet für ihn eine zeitintensive Einarbeitungsphase. Andererseits müsste er nicht umziehen und könnte die Eltern beim Einkauf sowie bei Fahrten zu Ärzten unterstützen, wenn es seine Arbeitszeiten zulassen.

Herr Günes äußert nach wie vor, dass er unbedingt nach Hause möchte und auch wieder seinen Garten nutzen möchte. Sein **Globalziel** lautet: Ich wohne in meiner Wohnung und kann in meinen Garten.

3 Phasen der Umsetzung

Frau Becker erklärt der Familie Günes, dass für die Rückkehr in die Wohnung einige Dinge organisiert werden müssen. Zum einen müssen weitere Hilfsmittel wie ein Toilettenstuhl und ein Pflegebett bestellt werden. Gegebenenfalls werden kleinere Umbaumaßnahmen, wie die Entfernung der Türschwellen und die Installation von Haltegriffen in der Wohnung, erforderlich. Zusätzlich wird besprochen, dass ein ambulanter Pflegedienst Herrn Günes bei den Insulinspritzen und bei der Grundversorgung behilflich ist.

Unter anderem können als **Rahmenziele** benannt werden:
- Die Hilfsmittelversorgung wird geklärt und entsprechende Hilfsmittel werden organisiert.
- Ein türkischer Pflegedienst übernimmt die Insulinspritzen und Teile der Grundversorgung.
- Eine Wohnraumanpassung wird durch eine Fachfirma durchgeführt (Entfernung der Türschwellen und Installation von Haltegriffen in der Wohnung).
- Die Beweglichkeit und Ausdauer (Mobilität) von Herrn Günes werden verbessert.

Diese Rahmenziele, die das Globalziel einzelnen Themenbereichen zuordnen, werden nach Aufgaben und Akteuren bei der Umsetzung in **Handlungsziele** aufgeschlüsselt. Zu dem ersten Rahmenziel – die Klärung der Hilfsmittelversorgung – kann exemplarisch z.b. folgendes Handlungsziel formuliert werden:
- Frau Becker führt mit Herrn Günes und der Ergotherapeutin am 29. März einen Hausbesuch durch.

Zum zweiten Rahmenziel – einen türkischen Pflegedienst einzubeziehen – können folgende Handlungsziele formuliert werden:
- Frau Becker und Herr Günes informieren sich bis zum 25. März über verschiedene türkische Pflegedienste.
- Bis zum 29. März führen sie Gespräche mit verschiedenen Mitarbeitern von Pflegediensten, um die häusliche Grund- und Behandlungspflege abzustimmen.

Das dritte Rahmenziel – Wohnraumanpassung – führt zu folgenden Handlungszielen:
- Bis zum 30. März vereinbart Frau Becker gemeinsamen einen Hausbesuch bei Herrn Günes mit einem Mitarbeiter der Baufirma Müller, um die Möglichkeiten zur Wohnraumanpassung zu besprechen und den Umbau zu planen.
- Bis zum 15. April wird die Firma Müller mit dem Umbau beauftragt, sodass dieser bis zum 30. April abgeschlossen ist.

Zum vierten Rahmenziel – Mobilität verbessern – wird formuliert:
- Ayfer sucht eine Physiotherapie-Praxis im Bezirk der Familie Günes, die die ambulante Behandlung von Herrn Günes übernimmt.

3.3.3 Hilfeplanung

Bei der Hilfeplanung wird gemeinsam mit den Klienten besprochen, welche informellen und professionellen Unterstützungsleistungen erforderlich sind, um die Ziele zu erreichen. Rechtliche Rahmenbedingungen, Spielräume und Interessen der Leistungsträger (z.B. die zu erwartenden Kosten) und die zeitliche Planung fließen ebenfalls in den Hilfeplanungsprozess ein. Der Hilfeplan (oder auch Service- oder Versorgungsplan) ist ein individuell ausgearbeitetes Dokument, in dem die einzelnen Maßnahmen inhaltlich und zeitlich aufeinander abgestimmt sind. Sowohl informelle als auch professionelle Hilfen werden berücksichtigt. Im Hilfeplan erfolgt also eine Festlegung, welche Akteure, z.B. Pflegestation, Nachbarn usw., zu welchem Zeitpunkt welche Leistungen erbringen.

Der schriftliche Hilfeplan stellt die Grundlage für die Umsetzung der Hilfemaßnahmen dar, in ihm ist festgelegt, wer die Verantwortung für die jeweiligen Aufgaben übernimmt und in welchen zeitlichen Abschnitten die Überprüfung erfolgt.

3.3.4 Anwendung Fallbeispiel: Hausbesuch und Hilfeplan von Herrn Günes

Beispielhaft wird hier die Umsetzung des ersten Rahmenziels von Herrn Günes, die Klärung der Hilfsmittelversorgung, erläutert: Am 29. März findet wie geplant ein Hausbesuch in der Wohnung von Familie Günes statt. Anwesend sind Frau Günes und ihre Tochter Ayfer. Die Ergotherapeutin aus der Rehaklinik begleitet Herrn Günes im Fahrdienst. Die Case Managerin Frau Becker kommt ebenfalls dazu.

Nachdem die Fahrer des Transportes Herrn Günes im Rollstuhl die drei Stockwerke hochgetragen haben, versucht Herr Günes mit Hilfe der Ergotherapeutin, sich im Rollstuhl und mit dem Rollator in der Wohnung selbstständig zu bewegen. Aufgrund der Türschwellen hat Herr Günes Probleme, in das Schlafzimmer zu gelangen. Da die Eheleute ein sehr niedriges Ehebett haben, empfiehlt die Ergotherapeutin, ein Pflegebett zu bestellen, um Herrn Günes den Transfer in und aus dem Bett zu erleichtern. Nach kurzem Zögern ist Frau Günes einverstanden.

Zudem wird geplant, dass die Türschwellen zwischen dem Flur und dem Schlafzimmer sowie dem Wohnzimmer entfernt werden. Das Badzimmer ist geräumig, sodass Herr Günes mit dem Rollator ins Bad kommt, jedoch benötigt er Haltegriffe am Waschbecken, an der Wanne und an der Toilette.

Herr Günes ist nach eineinhalb Stunden körperlich sehr erschöpft, sodass der Hausbesuch beendet wird. Während auf den Fahrdienst gewartet wird, erzählt Herr Günes, dass er sehr gern in seinen Garten möchte. Frau Becker wird für Herrn Günes einen Schwerbeschädigtenausweis beantragen. Mit einem solchen Ausweis ist Herr Günes berechtigt, den Fahrdienst zu benutzen.

Betrifft:		
Wohnbereiche	Ausstattung	Wohnungsmängel
Zugang Wohnung/ Haus	Fahrstuhl ja ☐ nein ☐ Rampe ja ☐ nein ☐ Trotz Fahrstuhl Stufen Schwelle ☐ Höhe cm	
Sanitärbereich	Schwelle ☐ Höhe cm Türbreite cm WC innen ☐ außen ☐ Dusche ja ☐ nein ☐ Warmwasser ja ☐ nein ☐	
Küche	Schwelle ☐ Höhe cm Türbreite cm Gasherd ☐ Elektroherd ☐	
Schlafbereich	Schwelle ☐ Höhe cm Türbreite cm	
Wohnbereich	Schwelle ☐ Höhe cm Türbreite cm	
Flur der Wohnung	Schwelle ☐ Höhe cm Türbreite cm	
Balkon	Schwelle ☐ Höhe cm Türbreite cm	
Sonstiges	Waschmaschine ja ☐ nein ☐ Heizung ja ☐ nein ☐ Kohleofen ja ☐ nein ☐ Telefon ja ☐ nein ☐ Fernseher ja ☐ nein ☐	

© Arbeitsgemeinschaft Berliner Koordinierungsstellen

Bei einem Hausbesuch kann die Wohnsituation mit einer Checkliste z. B. der ehemaligen Koordinierungsstellen erfasst werden.

3 Phasen der Umsetzung

Im Beispiel von Herrn Günes fließen die Durchführung des Hausbesuches und die Formulierung des Hilfeplanes ineinander. Der Hausbesuch ist schon ein Teil der Hilfeplanung. Die nachfolgende Tabelle zeigt einen Ausschnitt aus der Hilfeplanung, die für alle Handlungsziele durchgeführt wird.

Aufgabe	Verantwortlicher Dienst/Person	Zeitrahmen	Ergebnis
Recherche türkische Pflegedienste	Frau Becker	20. März	erledigt
Auswahl von Pflegediensten und Weitergabe der Kontaktdaten an Familie Günes	Frau Becker	20. März	erledigt
Kontakt mit Pflegediensten aufnehmen	Familie Günes	25.März	
Treffen mit einem Pflegedienst in der Klinik vereinbaren	Familie Günes	27. März	

Beispiel für einen Hilfeplan

3.4 Umsetzung des Hilfeplans, „Linking", Überprüfung und Dokumentation

In einem Hilfeplan wird ersichtlich, welche professionellen Helfer mit welchen Dienstleistungen an einem Fall beteiligt sind beziehungsweise noch hinzugezogen werden müssen. Der Prozess, bei dem zu den verschiedenen Dienstleistern Kontakt aufgenommen wird, um die Patienten an sie überzuleiten, wird als Linking bezeichnet. Neben professionellen Helfern können auch informelle Angebote, wie die Teilnahme an Selbsthilfegruppen, vermittelt werden. Case Manager übernehmen im Rahmen des Linking die Vorbereitung der Kontaktaufnahme.

Dies kann z.b. eine telefonische Abklärung sein, ob ein Dienst freie Kapazitäten hat, die Vereinbarung eines Gesprächstermins oder die Begleitung der Klienten zu einem ersten Treffen beispielsweise mit einem Mitarbeiter einer Beratungsstelle.

In dieser Phase wird ein fallspezifisches Netzwerk aufgebaut. Die Hilfeleistungen, die nebeneinander laufen, werden durch den Case Manager abgestimmt. Für solche Abstimmungsprozesse können sogenannte Helferkonferenzen [→Kap. 3.4.4] oder Fallkonferenzen durchgeführt werden.

Damit der Case Manager einen Überblick über die fallbezogene Beteiligung von Akteuren und ihre Vernetzung hat, ist es sinnvoll, in einer Netzwerkkarte die hinzugezogenen Dienstleister festzuhalten. Eine solche Visualisierung dient sowohl der Überprüfung [→Kap. 3.4.2] als auch der Dokumentation.

3.4.1 Fallbezogene Vernetzung

In der abgebildeten Netzwerkkarte zeigt sich, welche sozialen Kontakte Familie Günes vor dem Schlaganfall hatte. Mit dem Ziel, eine stabile häusliche Versorgung für Herrn Günes zu organisieren, wurden bei der Hilfeplanung professionelle Helfer für die ambulante Versorgung hinzugezogen. Diese neuen Kontakte sind dick gestrichelt.

Eine solche Darstellung zeigt, wie die Helfer untereinander vernetzt sind, bzw. wo eine Zusammenarbeit initiiert werden sollte. Diese Übersicht kann im Rahmen der Hilfeplanüberprüfung das beständige Kontakthalten mit den Helfern erleichtern.

3 Phasen der Umsetzung

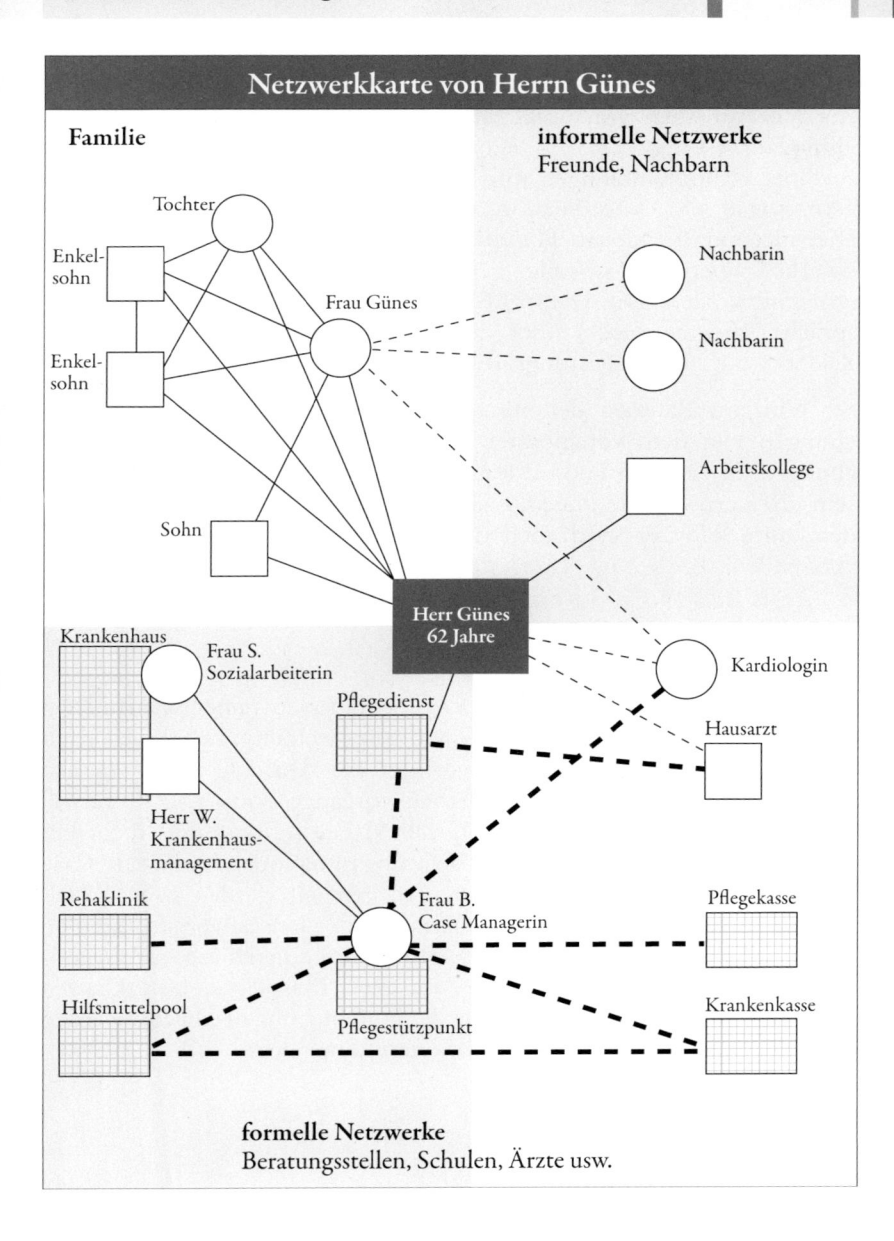

Netzwerkkarte von Herrn Günes

Familie

informelle Netzwerke
Freunde, Nachbarn

- Tochter
- Enkelsohn
- Enkelsohn
- Frau Günes
- Nachbarin
- Nachbarin
- Arbeitskollege
- Sohn

Herr Günes 62 Jahre

- Krankenhaus
- Frau S. Sozialarbeiterin
- Pflegedienst
- Kardiologin
- Hausarzt
- Herr W. Krankenhausmanagement
- Rehaklinik
- Frau B. Case Managerin
- Pflegekasse
- Hilfsmittelpool
- Pflegestützpunkt
- Krankenkasse

formelle Netzwerke
Beratungsstellen, Schulen, Ärzte usw.

3.4.2 Überprüfung

Zu den Aufgaben von Case Managern gehören die Umsetzung des Hilfeplans [→Kap. 3.3.3] – teilweise auch als Versorgungsplan bezeichnet –, Verhandlungen mit Leistungsanbietern und Leistungsträgern sowie die Koordination der Versorgungsangebote. Sind die Dienstleistungen wie im Hilfeplan vereinbart eingeleitet, wird kontinuierlich überprüft, ob alle Versorgungsleistungen nach Absprache erbracht werden. Die Überprüfung kann in einem persönlichen Gespräch („face to face") oder durch telefonische Kontakte mit den Klienten oder Dienstleistungserbringern erfolgen.

Wird im Rahmen der Überprüfung festgestellt, dass es Abweichungen von dem vereinbarten Hilfeplan gibt, gilt es diese Abweichungen zu erfassen und zu korrigieren. Hierbei kann es erforderlich sein, dass erneut eine Falleinschätzung [→Kap. 3.2] durchgeführt werden muss. Hierfür wird auch der englische Begriff Re-Assessments verwendet.

3.4.3 Dokumentation

Der Zweck und die Ziele von Dokumentationen (einer schriftlichen Zusammenstellung von Informationen) sind vielfältig. Die Arbeit nach dem Case Management-Ansatz verfolgt die Absicht, das Vorgehen transparent abzubilden und die Arbeitsvorgänge dort, wo es sinnvoll ist, zu standardisieren. Die DGCC (2009) betont, dass dies nicht bedeutet, dass die Kontakte oder Beratungssituationen zwischen Case Managern und Klienten bzw. Patienten geregelt werden sollen. Vielmehr geht es um ein einheitliches Erfassen der Leistungen im Rahmen des CM-Ablaufs. In der Regel erfolgt die Dokumentation auf Grundlage standardisierter Instrumente wie zum Beispiel Netzwerkkarten [→Kap. 3.4.1] oder Formularen für die Hilfeplanung. Teilweise werden spezielle elektronische Dokumentationssysteme eingesetzt.

3 Phasen der Umsetzung

Die Dokumentation dient:
- dem Festhalten von wichtigen Informationen und Gesprächsinhalten
- als Nachweis für das Vorgehen in der Fallbearbeitung
- als Grundlage für eine (statistische) Auswertung der Fallbearbeitung und ggf. später zur Rechenschaftslegung
- der Qualitätssicherung

Die Dokumentation beginnt im Case Management-Prozess in der Falleinschätzungsphase [→Kap. 3.2], indem festgehalten wird, wie der Patient ins CM-Programm gekommen ist und welches die Ergebnisse und Vereinbarungen der ersten Gespräche waren. Bei der Falleinschätzung wird dokumentiert, welche sozialen Kontakte an einem Fall beteiligt sind, wie die unterschiedliche Sicht der Probleme ist und welche fallbezogenen Ressourcen zur Verfügung stehen. In der Hilfeplanung [→Kap. 3.3.3] werden die Ziele verschriftlicht und für die Überprüfung [→Kap. 3.4.2] wichtige Termine im Hilfeplan aufgeführt.

Die Kontakte mit Patienten, die während der Überprüfung stattfinden, werden dokumentiert. Berichte der an der Versorgung beteiligten Dienstleister können in die Dokumentation eingefügt werden. Arbeitsergebnisse bzw. Teilergebnisse werden ebenfalls festgehalten [→Kap. 3.5]. Zusätzlich werden die Zufriedenheit der Klienten oder die der beteiligten Dienstleister erfasst.

Folgende Aspekte sind bei der Dokumentation (in Anlehnung an Cesta et al. 1998) zu berücksichtigen:
- Wie sind die Patienten ins Programm gekommen? Sind sie selber gekommen oder wurden sie überwiesen?
- Wie sind die Bedürfnisse und Interessen der Patienten und ihrer Angehörigen?
- Wie ist der Gesundheitsstatus? Welche akuten oder chronischen Erkrankungen liegen vor?
- Welche aktuellen und welche möglichen langfristigen Probleme gibt es?

- Welche Ressourcen sind vorhanden? Welche können aktiviert werden?
- Welche Ziele wurden vereinbart?
- Festlegung und Umsetzung des Hilfeplans
- Förderung und Koordination der Hilfeplan-Aktivitäten
- Aufklärungsarbeit mit Patienten- und Angehörigen
- Entlassungsplanung, z.b. Überweisung in andere Einrichtungen
- Evaluation der Ergebnisse der Patientenversorgung

3.4.4 Anwendung Fallbeispiel: Umsetzung und Überprüfung der Hilfeplanung für Herrn Günes

Am 6. April findet in der Klinik eine Fallkonferenz statt, da die Entlassung von Herrn Günes in der nächsten Woche geplant ist. Anwesend sind: eine Mitarbeiterin des ambulanten Pflegedienstes, die Bezugstherapeuten (Ergotherapie und Physiotherapie), Frau Becker, Herr und Frau Günes, der Stationsarzt ist zu Beginn des Treffens kurz anwesend und informiert über den Gesundheitszustand und die Behandlungsbedarfe von Herrn Günes.

Herr Günes benötigt:
- 7-mal wöchentlich 2-mal täglich Blutzuckerkontrolle und Insulin-Injektion
- 7-mal wöchentlich 1-mal täglich Medikamente herrichten

Zusätzlich wird mit der Familie vereinbart, dass der Pflegedienst Herrn Günes täglich morgens und abends bei der Körperpflege unterstützt. Sowie die Einstufung der Pflegeversicherung vorliegt, sollen die Einsätze über die Sachleistungen abgerechnet werden.

Nach der Besprechung nimmt Frau Becker Kontakt zum Hausarzt auf und teilt ihm den Entlassungstermin mit. Der Hausarzt sagt zu, trotz seiner begrenzten Zeit in der Woche der Entlassung bei Herrn Günes einen Hausbesuch durchzuführen und wird sich hierfür mit der Pflegestation in Verbindung setzten.

3 Phasen der Umsetzung

Für die weitere Hilfeplanung ergeben sich folgende Aufgaben:

Case Managerin	Pflegedienst	Familie Günes
Informiert die Kranken- und Pflegekasse von der anstehenden Entlassung von Herrn Günes und klärt die Kostenübernahme für die ambulante Therapie. Zudem benachrichtigt Frau Becker den Medizinischen Dienst der Krankenkassen (MDK), damit schnellstmöglich eine Begutachtung durchgeführt wird.	Nimmt Kontakt zum Hausarzt auf, um die Verordnung der Behandlungspflege zu klären.	Der Sohn hilft Frau Günes das Schlafzimmer umzustellen, damit das Pflegebett Platz hat. Die Kinder entlasten Frau Günes durch die Übernahme der Einkäufe.

Mittwoch, 14. April: Herr Günes ist seit zwei Tagen wieder zu Hause. Ein deutsch-türkischer Pflegedienst kommt zweimal täglich und hilft Herrn Günes bei der Grundpflege und übernimmt die Insulin-Injektionen. Frau Günes wird angeleitet, die Mahlzeiten für Herrn Günes zuzubereiten und dabei auf die Broteinheiten zu achten.

Frau Becker erkundigt sich bei dem Pflegedienst, wie die Versorgung läuft. Die zuständige Pflegefachkraft berichtet, dass Herr Günes morgens bisher sehr schwach war, sodass er den Weg zur Toilette nicht geschafft hat. Frau Becker bestellt umgehend im Hilfsmittellager einen Toilettenstuhl, der noch am selben Tag geliefert wird. Frau Becker vereinbart, dass die zuständigen Mitarbeiter des Pflegedienstes sich wöchentlich bei Frau Becker melden und über die Versorgungssituation berichten.

Ende April meldet sich die Pflegestation bei Frau Becker, da immer noch kein Bescheid über eine Pflegestufe vorliegt, obwohl eine Begutachtung durch den MDK stattgefunden hat. Die Case Managerin nimmt Kontakt zur Pflegeversicherung auf, da zur weiteren Organisation und Sicherstellung der Versorgung eine Einstufung erforderlich ist. Der Mitarbeiter der Pflegekasse verspricht, sich umgehend um die Ergebnisse der Begutachtung zu kümmern. Am nächsten Tag erhält Frau Becker telefonisch die Nachricht, dass eine Einstufung in die Stufe II vorliegt und der Bescheid an den Patienten verschickt wird.

3.5 Evaluation und Rechenschaftslegung

Das Auswerten von Arbeitsprozessen ist im Rahmen der Qualitätssicherung von großer Bedeutung, denn hierdurch können erfolgreiche Strategien in der Fallbearbeitung erkannt werden. Bezogen auf einen Fall oder auch auf mehrere Fälle können Vorgehensweise oder Hilfemaßnahmen identifiziert werden, die für die Patienten hilfreich waren. Zudem können Versorgungslücken sowie fehlende Ressourcen des Versorgungssystems wie fehlende Betreuungs- oder Beratungsangebote aufgedeckt werden, die vielleicht eine erfolgreiche Zielerreichung verzögert haben.

Eine fallbezogene Auswertung erfolgt zum Abschluss eines jeden CM-Falls. Darüber hinaus werden aber auch fallübergreifend Strukturen, Prozesse und Ergebnisse von Case Management-Programmen untersucht.

3.5.1 Evaluation

Am Ende eines jeden CM-Prozesses wird der Verlauf bewertet und reflektiert. Diese abschließende Auswertung der Fallbearbeitung wird als Evaluation bezeichnet.

Die Evaluation beinhaltet sowohl die Prüfung und Auswertung der im Verlauf des Case Management erbrachten Leistungen nach den in der Hilfeplanung [→Kap. 3.3.3] festgelegten Kriterien als auch die im Verlauf des Case Management beobachteten Veränderungen im Hilfebedarf des Klienten [→Kap. 3.4.2]. Zudem wird die Kommunikation zwischen den Case Manager und den Klienten und die Zielerreichung betrachtet.

An der Bewertung des Case Management-Prozesses sind insbesondere Klienten und ihre Angehörigen beteiligt. Zudem werden, wo es sinnvoll ist, fallbezogen Dienstleister einbezogen. Von Interesse sind die Dienst- und Sachleistungen, die im Rahmen des CM-Prozesses erbracht werden. Hierbei handelt es sich beispielsweise um das Stellen von Anträgen oder das Führen von Beratungsgesprächen. Als Fachbegriff wird in diesem Zusammenhang der Begriff **Output** verwendet. Neben den meist klar zu definierenden Outputs sind im Case Management Resultate der Begleitung und Versorgungskoordination wie die Verbesserung der Lebensqualität von Interesse. Diese sogenannten **Outcomes** sind schwerer zu erfassen, da sie teilweise erst nach einem längeren zeitlichen Abstand zum Case Management-Prozess gemessen werden können. Die Auswertung des Case Management-Prozesses beendet die Begleitung und dient der Entpflichtung des Case Managers.

Unter **Entpflichtung** wird die Beendigung der Zusammenarbeit zwischen Case Manager und Patienten verstanden. Abschließend kann beispielsweise eine weitere Konferenz mit den an der Versorgung beteiligten Personen und Diensten durchgeführt sowie ein Abschlussbericht verfasst werden. Ebenso wie bei der Aufnahme in ein Case Management-Programm Case Manager und Patienten die Zusammenarbeit vereinbaren, kann der Abschlussbericht von beiden unterzeichnet werden.

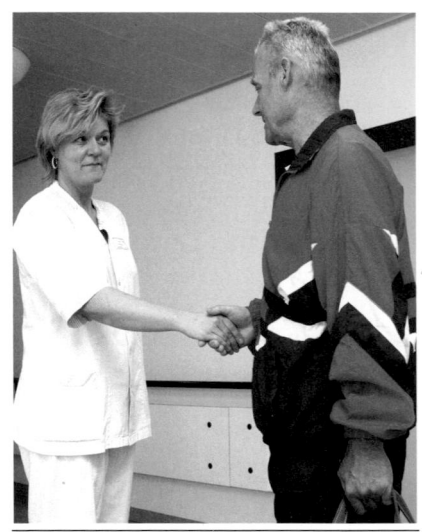

Verabschiedung

Gegebenenfalls sollten die Patienten im Rahmen der Beendigung darüber informiert werden, an wen sie sich bei erneuten Krisensituationen wenden können. Zudem sollte besprochen werden, ob einige Zeit nach der Beendigung ein Gespräch zur Überprüfung der Nachhaltigkeit des Case Management stattfinden kann.

Eine Auswertung der langfristigen Resultate kann durch Studien mit einer Fall-Kontrollgruppe untersucht werden. Bei Untersuchungen mit einer Fallgruppe und einer Kontrollgruppe erhält die Fallgruppe eine bestimmte Behandlung oder Intervention, beispielsweise die Patienten werden von einem Case Manager begleitet. Die Kontrollgruppe hingegen erhält keine Intervention, das heißt, die Patienten in dieser Gruppe werden – sofern dies nicht gegen forschungsethische Regeln spricht – nicht von einem Case Manager betreut. Im Studienverlauf wird untersucht, wie sich die Betreuung durch einen Case Manager auswirkt: Hat die Fallgruppe beispielsweise bessere Fortschritte im Rehabilitationsprozess oder weniger Krankenhausaufenthalte als die Kontrollgruppe?

3.5.2 Rechenschaftslegung

Zusätzlich bietet eine Abschlussevaluation die Möglichkeit, Erkenntnisse über die Stärken und Schwächen der praktischen Umsetzung von Case Management zu gewinnen. Erkenntnisse und Informationen über mögliche Mängel in der Versorgung gilt es offenzulegen, um Empfehlungen zur Verbesserung der Versorgung daraus abzuleiten.

Darauf aufbauend können neue Versorgungsstrukturen und -angebote entwickelt werden. Konnten beispielsweise mehrfach Entlassungen aus dem Krankenhaus nicht erfolgen, weil für Klienten keine Plätze in stationären Versorgungseinrichtungen zur Verfügung standen, sollte in regionalen Planungsgremien der Bedarf z.B. nach Kurzzeitpflegeeinrichtungen vorgebracht werden. Die Grenzen zwischen der fallübergreifenden Auswertung und Berichterstattung und der Rechenschaftslegung sind fließend.

Unter Rechenschaftslegung (im Englischen wird der Begriff *accountability* verwendet) wird die Verantwortung der Geschäftsführung oder des Management für deren Tätigkeiten verstanden. In Gestalt von Geschäftsberichten etwa legen die Mitarbeiter der CM-Programme gegenüber Leistungsträgern, Politik oder der Gesellschaft ihre Tätigkeiten dar.

Ziel der Rechenschaftslegung ist es, die fallübergreifende Mittelverwendung zu belegen. Daten zu Versorgungsstrukturen, Lebensverhältnissen sowie den Wirkungen von Case Management-Prozessen werden dokumentiert und wissenschaftlich ausgewertet. Im Rahmen der Sozial- und Gesundheitsberichterstattung erfolgt eine Vermittlung an kommunale und staatliche Entscheidungsträger.

Zusammenfassend lassen sich nach Löser (2006: 68) folgende Aspekte benennen, die im Rahmen der Auswertung und Rechenschaftslegung Beachtung finden:

Was soll ausgewertet werden?
Fallbezogen oder fallübergreifend?
Struktur, Prozess, Ergebnisse?

Wie soll evaluiert werden? Welche Methoden werden eingesetzt?
Werden Fragebögen zur Erfassung der Klientenzufriedenheit verteilt und ausgewertet oder offene Beschreibungen wie Erlebnisberichte erstellt?

Wie oft soll fallübergreifend evaluiert werden?
In regelmäßigen Abständen, z.b. alle drei Monate oder sporadisch einmal im Jahr?

Wer bekommt die Evaluationsergebnisse?
Handelt es sich um eine interne Berichterstattung, die ausschließlich für die Geschäftsführung oder Leitung bestimmt ist? Oder werden die Ergebnisse als Teil von Jahresberichten veröffentlicht?
Wie werden die Ergebnisse verwendet? Wie werden die Ergebnisse in die weitere Umsetzung des Case Management integriert?
Werden die Ergebnisse z.b. für die Gestaltung von Kooperationsbeziehungen mit Netzwerkpartnern genutzt?

Eine solche fallübergreifende Auswertung erfordert ausreichende personelle und auch finanzielle Ressourcen und setzt grundlegende Kenntnisse in Forschungsmethoden voraus. Oftmals erfolgt eine solche Auswertung von ganzen Case Management-Programmen im Rahmen von Forschungsprojekten.

3.5.3 Anwendung Fallbeispiel: Entpflichtung und Auswertung

Rund acht Monate, nachdem Herr Günes wieder in seiner Wohnung lebt, findet ein Abschlussgespräch statt, an dem Herr und Frau Günes, die Tochter Ayfer, der Sohn Özil und Frau Becker teilnehmen. Insgesamt hat der Betreuungsprozess etwas mehr als neun Monate gedauert.

Die Versorgung von Herrn Günes durch die Familie, den Pflegedienst und den Hausarzt funktioniert gut, sodass die Betreuung durch die Case Managerin Frau Becker beendet werden kann.

Der Pflegedienst hat vor zwei Wochen erneut den FIM [→Kap. 3.2] durchgeführt und Herr Günes hat deutliche Verbesserungen in seiner Mobilität gezeigt. Er benötigt in der Wohnung immer noch Hilfsmittel, kann aber mit Unterstützung und kleinen Pausen allein die drei Stockwerke bewältigen.

Herr und Frau Günes haben mit Hilfe des Fahrdienstes einige Mal ihren Garten besucht. Da beide aufgrund ihrer körperlichen Einschränkungen keine Gartenarbeit mehr machen können, haben sie nun doch beschlossen, den Garten aufzugeben. Ein ehemaliger Arbeitskollege von Herrn Günes überlegt, den Garten zu übernehmen. Nachdem der Wohnraum entsprechend angepasst wurde, möchten die Eheleute auf alle Fälle in ihrer Wohnung bleiben.

Beide haben sich gut mit der Betreuungssituation arrangiert und sind mit den Pflegekräften des Pflegedienstes sehr zufrieden.

Die Dokumentation der Auswertung des CM-Prozesses kann mit Hilfe einer Dokumentationsvorlage festgehalten werden. Anhand eines Instrumentes nach Müller (2006: 87) werden nachfolgend zwei Rahmenziele [→Kap. 3.3.1] von Herrn Günes gezeigt.

1. Ziel:
Die Hilfsmittelversorgung wird abgeklärt und entsprechende Hilfsmittel werden organisiert.

	Ja	Teilweise	Nein
Zielerreichung	√		
Merkmale für die Zielerreichung	Lieferung der Hilfsmittel		

2. Ziel:
Ein türkischer Pflegedienst übernimmt die Insulinspritzen und Teile der Grundversorgung.

	Ja	Teilweise	Nein
Zielerreichung	√		
Merkmale für die Zielerreichung	Pflegedienst kommt 2-mal täglich		

4 Merkmale des Versorgungssystems

In den folgenden Kapiteln wird meistens von Care und Case Management gesprochen, obwohl im alltäglichen Sprachgebrauch häufig nur von Case Management die Rede ist. Da die Arbeit auf der Systemebene [→Kap. 2.2] darauf abzielt, für die Fallarbeit gute Voraussetzungen zu schaffen, ist es wichtig, beide Arbeitsbereiche gleichermaßen in der Umsetzung zu berücksichtigen. Die weiteren Ausführungen befassen sich mit der fallübergreifenden Gestaltung von Versorgungsprozessen und -strukturen in und zwischen Organisationen im Sozial- und Gesundheitswesen.

4.1 Patienten im Versorgungssystem

Um die Rahmenbedingungen des Care und Case Management im Gesundheitswesen verstehen zu können, ist ein Blick auf das Gesundheitssystem notwendig, das die Beziehungen zwischen den Versicherten, den Versicherungen und den Leistungserbringern regelt. Zu den Leistungserbringern zählen Pflegepersonal, Physio- und Ergotherapeuten, Sozialarbeiter, Ärzte, Apotheker usw. sowie der Staat als nachrangiger Leistungserbringer mit Gesundheitsämtern, kommunalen Kliniken, Sozialstationen, Altenpflegeeinrichtungen usw. Innerhalb des Gesundheitssystems besitzen die gesetzliche Kranken- und Pflegeversicherung die größte Bedeutung, gefolgt von ihren privaten Pendants und den anderen Sozialversicherungen (Renten-, Unfall- und Arbeitslosenversicherung) sowie den Interessenverbänden wie Kassenärztliche Vereinigung, Arbeitgeber- und Arbeitnehmerverbände. Auf der Seite der Patienten sind noch die Patientensprecher, Verbraucherverbände und Selbsthilfeorganisationen zu nennen.

Rund 90% der Bevölkerung ist in der Gesetzlichen Krankenversicherung und 10% in privaten Krankenversicherungen versichert. Die Zahl der unversicherten Menschen in Deutschland wird auf 0,1 bis 0,3% geschätzt.

Der gesundheitliche Dienstleistungssektor, der sich über viele Jahre fast ausschließlich auf die kommunalen Krankenhäuser und die privaten niedergelassenen Arztpraxen verteilte, stellt sich heute grundlegend anders dar. Die Zahl der privaten Krankenhäuser liegt weit höher als die der kommunalen. Private Alten- und Pflegeheime sowie häusliche Pflegedienste bestimmen das Bild. Hinzugekommen sind eine Fülle differenzierter Versorgungsangebote, wie z.b. Tages- und Nachtkliniken, häusliche Intensiv- und Palliativpflege, Kurzzeitpflege, teilstationäre Versorgung und Rehabilitation.

Möglichst vielen Menschen den Zugang zu der für sie richtigen Form der Versorgung zu verschaffen und diese über Interessens- und Finanzierungsgrenzen hinweg kontinuierlich zu gewähren, erfordert eine Vernetzung [→Kap. 6] von Akteuren. Eine solche Vernetzung ambulanter und stationärer Versorgungseinrichtungen sieht der §140 SGB V zur „Integrierten Versorgung" vor. Einen gesetzlichen Vorstoß zur Vereinheitlichung der Versorgung stellt der §137 ff. SGB V mit den →Disease Management-Programmen dar. Dies ist auch das gesetzliche Umfeld des Care und Case Management.

4.2 Schnittstellenmanagement

Es gibt eine für den Laien schwer durchschaubare Vielfalt des Angebots der Kuration, Rehabilitation, Prävention, Palliativversorgung in Form ambulanter, stationärer, teilstationärer sowie Kurzzeit-, Tag- oder Nachtpflege. Neben dem Angebot professioneller Pflege gibt es die soziale Unterstützung, Selbsthilfegruppen und ehrenamtliche Helfer. Versorgungsangebote und Zuständigkeiten haben staatliche, verbandliche und marktliche Elemente, deren Verantwortlichkeiten und Finanzierungsquellen strikt voneinander getrennt sind. Das Schaubild versucht einen Überblick zu geben, indem die Angebote nach Sektoren unterschieden werden: 1. Staat und Gesetzliche Sozialversicherung, 2. Markt, 3. Informeller Sektor der Familien, Freunde und Nachbarn sowie 4. der sogenannte Dritte Sektor des bürgerschaftlichen Engagements, der Selbsthilfe, des Seniorenbeirats usw.

4 Merkmale des Versorgungssystems

Schnittstellenmanagement

Staat und gesetzliche Versicherung

- Gerichte
- Gesetzliche Pflegekasse
- Kommunen
- Sozialhilfeträger
- Private Krankenkassen
- Krankenkasse

Markt
- Ärzte
- Krankenhäuser
- andere Anbieter
- Zugelassene Dienste und Einrichtungen
- Therapeutinnen
- Apotheken

Zentrale Elemente:
- Pflegeberatung in Pflegestützpunkten
- Pflegekassen
- Kommunen
- Träger von Einrichtungen und Diensten

Informeller Sektor
- Nachbarschaft
- Angehörige
- Familie

Dritter Sektor
- Selbsthilfe
- Bürgerschaftliches Engagement
- Betreuungsverein
- Seniorenbeirat
- Nachbarschaftshilfe

Legende:
- ─────► Kooperationsbeziehungen, die durch Verträge geregelt sind
- ─ ─ ─► Absprachen über Kooperationen
- ·····► symbolisieren die Einbeziehung der Beteiligten

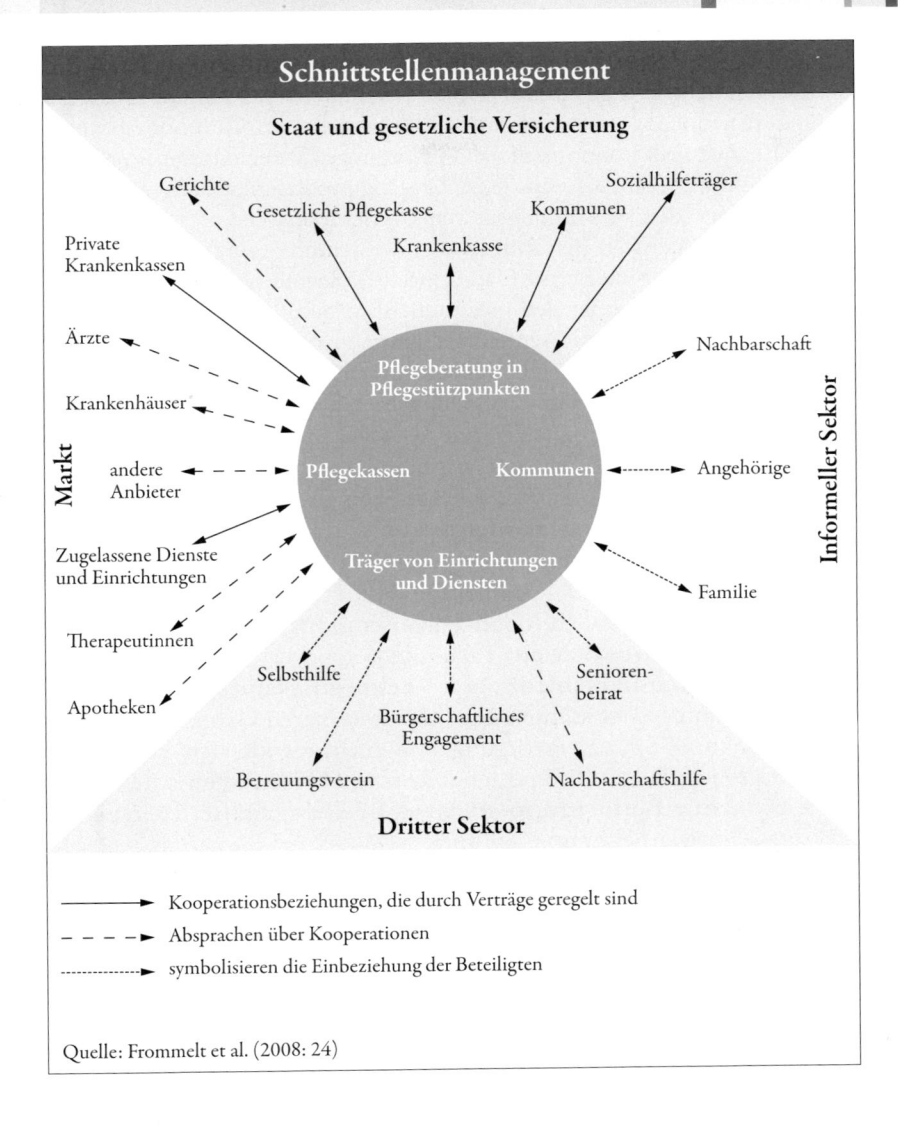

Quelle: Frommelt et al. (2008: 24)

Chronisch kranke oder schwerkranke Menschen benötigen in der Regel über einen längeren Zeitraum viele unterschiedliche Hilfen. Teilweise behindern jedoch die oben genannten Strukturen im Gesundheitswesen eine passende und kontinuierliche Versorgung. Oftmals treten Probleme an den Schnittstellen, also an den Übergängen zwischen den verschiedenen Bereichen des Versorgungssystems – beispielsweise zwischen Krankenhaus und Diensten der ambulanten Weiterversorgung auf. Krankenhäuser müssen beispielsweise Hausärzte, Pflegestationen sowie niedergelassene Therapeuten über den Gesundheitszustand und über das Rehabilitationspotenzial der entlassenden Patienten informieren. Zusätzlich sind Absprachen mit pflegenden Angehörigen unerlässlich. Sogar zwischen den Mitarbeitern einzelner Abteilungen einer Einrichtung bestehen Schnittstellen.

Zusammenfassend lassen sich folgende Schnittstellen beschreiben:
- **zwischen Versorgungsbereichen:**
  – ambulanter Bereich (Hausärzte, Apotheken, niedergelassene Therapeuten
  – stationärer Bereich (Krankenhäuser, Rehabilitationskliniken)
  – teilstationärer Bereich (Tagesklinik)
- **zwischen unterschiedlichen Versorgungsstufen:**
  Maßnahmen der ambulanten oder stationären Grundversorgung bis hin zur Spezialversorgung, von vorbeugenden (präventiven) bis hin zu heilenden und rehabilitativen Maßnahmen
- **zwischen Berufsgruppen:** Ärzte, Pflegefachkräfte, Therapeuten, Sozialarbeiter und Apotheker
- **zwischen professioneller und informeller Versorgung:** berufliche Hochspezialisierung (z.B. Fachärzte) bis hin zur Laienpflege durch Familie, Freunde, Nachbarn
- **zwischen Leistungsträgern:** Gesetzliche Krankenkassen, Private Krankenkassen, Rentenversicherungsträger, Sozialhilfeträger
- **zwischen kulturellen Bereichen:**
  Glauben, Ethnizität etc. (nach Kofahl et. al., 2004: 20)

4 Merkmale des Versorgungssystems

Folgen dieser Schnittstellen zeigen sich insbesondere im Verlust von Informationen beispielsweise zur Krankheitsgeschichte eines Patienten. Berufsgruppenspezifische Denk- und Sprachgewohnheiten verstärken den Informationsverlust oftmals noch. So werden von ärztlicher Seite aus nur medizinisch-pflegerische Aspekte an einen weiterbehandelnden Arzt übermittelt. Jedoch Mitteilungen über die familiäre Situation, z.B. dass der Sohn, der sich bisher um die Versorgung der Mutter gekümmert hat, einen Bandscheibenvorfall hatte und sich nicht um die Mutter kümmern kann, bleiben unerwähnt.

Häufig scheitert eine patientenbezogene Kommunikation auch an hierarchischen Strukturen, das heißt bestimmte Entscheidungswege beispielsweise in einer Klinik müssen eingehalten werden. Dies kann zur Folge haben, dass ein Chefarzt oder ein Mitarbeiter eines Leistungsträgers Entscheidungen trifft, ohne den Patienten zu kennen und einen unmittelbaren Einblick in die Situation zu haben. Eine professionsübergreifende Zusammenarbeit wird kaum realisiert oder findet nur oberflächlich in Teambesprechungen oder Visiten statt. Ebenso erfolgt die Kommunikation selten über die einzelnen Versorgungsbereiche hinweg.

4.3 Ziele der Systemsteuerung

Systemsteuerung im Sinne des Case Management bedeutet, adressatenorientierte Versorgungssysteme zu schaffen und Abläufe innerhalb dieser Strukturen an den Bedürfnissen der Patienten auszurichten. Dies erfordert beispielsweise, Beratungsräume in Wohnortnähe anzubieten bzw. in ländlichen Gegenden mobile Beratungsdienste einzurichten. Sprechstundenangebote sollten zeitlich so gelegt sein, dass sie auch von Berufstätigen wahrgenommen werden können. Neben diesen strukturellen Merkmalen adressatenorientierter Versorgungsangebote ist für Hilfesuchende wichtig, einen festen Ansprechpartner zu haben, der sich Zeit nimmt und versucht, ihre Perspektive einzunehmen.

Fallverantwortliche Case Manager übernehmen die Vermittlung und Überweisung der Klienten an die jeweiligen Einrichtungen. Darüber hinaus koordinieren sie diese Dienstleistungsangebote und übernehmen eine Steuerungsfunktion. Damit Case Manager die für den Einzelfall erforderlichen Hilfen schnellstmöglich und passend vermitteln können, bauen sie Kooperationsbeziehungen [→Kap. 6.2] auf und pflegen diese. Für den Aufbau von internen und externen Kooperationsbeziehungen wird zunächst eine Bedarfs- und Angebotsanalyse erforderlich.

Eine gute Zusammenarbeit ist jedoch nicht selbstverständlich. Schon innerhalb von Einrichtungen existieren teilweise Vorbehalte gegenüber anderen Abteilungen, Arbeitsgruppen und Mitarbeitern. Im Sinne des Care und Case Management ist es wichtig, organisationsinterne Prozesse abzusprechen und die Kommunikation der Mitarbeiter beispielsweise durch sogenannte →Kollegiale Beratungen zu fördern. Die Organisation der Zusammenarbeit bezieht auch die unterschiedlichen Hierarchieebenen mit ein. Denn insbesondere für eine fallübergreifende Arbeit auf der Systemebene [→Kap. 2.2] zur Gestaltung von organisationsinternen Strukturen sowie von Kooperationen mit anderen Organisationen muss der Auftrag bzw. die Erlaubnis der Geschäftsführung vorliegen.

5 Care und Case Management auf der Organisationsebene

Bei der Umsetzung von Case Management spielen organisationstheoretische Überlegungen und Entwicklungen eine wichtige Rolle, da interne und externe Prozesse gesteuert werden müssen. Unter „Organisation" wird eine Koordinierung von Verhaltensweisen verstanden, die ein System bilden. Durch (dauerhafte) Regelungen und Strukturen versucht eine Organisation, bestimmte festgelegte Ziele zu erreichen. Organisationen erfüllen nach Vahs (2007) drei wesentliche Merkmale:
- Sie sind zielgerichtet,
- sie sind offene soziale Systeme und
- sie weisen formale Strukturen auf.

Größere Organisationen bestehen in der Regel aus mehreren Hierarchieebenen wie Abteilungen, Stellen und Stabsstellen, die unterschiedliche Aufgaben und Funktionen übernehmen.

Die **Aufbauorganisation** gibt Auskunft über die Aufteilung der Arbeit und die Zuständigkeiten der Organisationsmitglieder. Gegenstand der Aufbauorganisation ist es, die Durchführung arbeitsteiliger Aufgaben und die Verantwortlichkeit für deren Erledigung zu strukturieren. Die verschiedenen Ebenen und Strukturen in einer Organisation können in einem sogenannten Organigramm festgehalten werden.

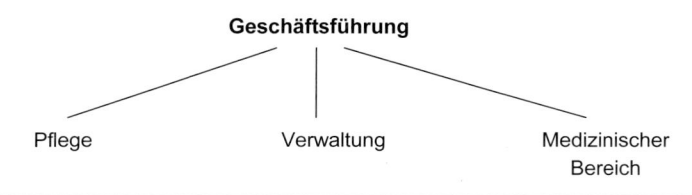

```
                    Geschäftsführung
                   /       |        \
              Pflege   Verwaltung   Medizinischer
                                      Bereich
```

Beispiel für ein Organigramm

Bei der **Ablauforganisation** werden betriebliche Aufgaben und Tätigkeiten (Prozesse) beschrieben. Die Tätigkeiten von Abteilungen oder Mitarbeitern werden hinsichtlich der zeitlichen und räumlichen Erfüllung organisiert. Durch eine genaue Abstimmung des Ablaufs auf die Gegebenheiten einer Organisation können Aufgaben zielgerichtet auf Mitarbeiter und Teams verteilt werden.

Aufnahme ▶ Behandlung ▶ Entlassung

Beispiel für einen groben Prozessablauf im Krankenhaus

Die Struktur von Unternehmen wirkt sich auf die Abläufe einer Organisation aus, sodass sie mehr oder weniger flexibel auf Anforderungen oder Veränderungen reagieren können. Durch viele Hierarchieebenen können sich zum Beispiel Entscheidungswege verlängern und die Flexibilität in der Bereitstellung von Hilfemaßnahmen vermindert sich.

Die Organisationsformen variieren von starken Hierarchien mit ausgeprägten Regeln und Vorgaben, die von einer kleinen Führungsspitze festgelegt werden, bis hin zu Einrichtungen, in denen den Mitarbeitern ein hohes Maß an Mitbestimmung zugesprochen wird. Die Hierarchien sind hier dann entsprechend flach.

Für Einrichtungen und Unternehmen, die CM-Programme einführen, ist es für eine interne Abstimmung von Arbeitsabläufen sinnvoll, Strukturen prozessorientiert auszurichten und für jeweilige Verläufe verantwortliche Mitarbeiter festzulegen. Die Erhöhung von Entscheidungskompetenzen und Befugnissen der Case Manager, wie etwa eine umfassende Dateneinsichtsbefugnis, wird erforderlich, um innerhalb der Organisation Prozesse flexibel zu schnell zu gestalten.

5 CCM auf der Organisationsebene

5.1 CCM im Krankenhaus

5.1.1 Die Institution Krankenhaus

Die Institution Krankenhaus ist durch historisch gewachsene, verrichtungsorientierte Strukturen gekennzeichnet, sie zeigt sich in der Dreiteilung der Krankenhausleitungen in die Bereiche
- Verwaltung,
- Medizin und
- Pflege.

Aus dieser Dreiteilung ergeben sich Schnittstellen nicht nur zwischen den unterschiedlichen Fachstationen, sondern auch zwischen den im Krankenhaus tätigen Berufsgruppen wie Ärzten, Therapeuten, Pflegefachkräften und Sozialarbeitern. Pflegefachkräfte und Ärzte stellen die größten, Sozialarbeiter in der Regel die kleinste Berufsgruppe im Krankenhaus dar.

Diese multiprofessionelle Zusammenarbeit birgt viele Vorteile, jedoch ist sie oftmals auch mit Problemen verbunden. Interessen und Motivation der Mitarbeiter beziehen sich häufig auf einzelne Stationen bzw. auf die eigene Berufsgruppe, sodass eine bereichs- und berufsübergreifende Kommunikation nicht realisiert wird. Zusätzlich erschweren bestehende Abhängigkeiten (z.B. der Pflegefachkräfte gegenüber den Ärzten), Rollenkonflikte oder unangemessene Kommunikationsformen die Arbeit der Mitarbeiter.

Krankenhäuser sind im Sinne des §107 Abs. 1 SGB V Einrichtungen, die unter anderem mit Hilfe von verfügbarem ärztlichem Pflege-, Funktions- und medizinisch-technischem Personal darauf eingerichtet sind, durch ärztliche und pflegerische Hilfeleistungen Krankheiten von Patienten zu erkennen, zu heilen, zu verhüten, Krankheitsbeschwerden zu lindern oder Geburtshilfe zu leisten. Aufgrund der spezialisierten Angebote in der Diagnostik und Behandlung nehmen sie eine zentrale Stellung in der Patientenversorgung wahr.

In den letzten Jahren ist die stationäre Krankenversorgung in Einrichtungen der Regelversorgung wie Stadt- und Kreiskrankenhäuser oder Schwerpunktkliniken einem starken Wandel unterlegen. Seit den 1990er Jahren bestehen für Krankenhäuser Möglichkeiten, ambulante vor- und nachstationäre Versorgung anzubieten. Zudem ergaben sich durch die Einführung der pauschalisierten Vergütung (Fallpauschalen) wesentliche Veränderungen. Diese Veränderungen sowie auch neue Anforderungen an das Qualitätsmanagement von Einrichtungen haben weitreichende Konsequenzen für die stationäre Versorgung. Case Management-Ansätze werden als Strategie, diesen Anforderungen zu begegnen, gesehen.

5.1.2 Die Umsetzung von CCM im Krankenhaus

Eine Umsetzung von Case Management im Krankenhaus verfolgt i.d.R. das Ziel, die Behandlungsprozesse zu optimieren und somit Verweildauern zu reduzieren. Denn die Umstellung der Vergütung auf Fallpauschalen hat zur Folge, dass es für das Krankenhaus attraktiv ist, Patienten schneller durch das System Krankenhaus zu „steuern". Wenn es das Krankheitsbild, die Behandlung sowie der Genesungsprozess erlaubt, ist eine schnellstmögliche Entlassung angestrebt. Hierzu müssen interne und externe Schnittstellenprobleme [→Kap. 4.2] behoben und Kooperationen aufgebaut werden. Denn der zunehmende Patientendurchlauf verlangt sowohl innerhalb des Krankenhauses als auch im Rahmen eines →Entlassungsmanagements eine krankenhausübergreifende Organisation und Versorgung.

Für eine patientenorientierte Versorgungsgestaltung müssen sich Arbeitsprozesse im Krankenhaus stärker an Abläufen anstatt an Funktionen bzw. Abteilungen orientieren (siehe Abb. Ablauf und Aufbauorganisation). Instrumente wie (klinische) →Behandlungspfade bilden standardisierte Verläufe in der Patientenversorgung bezogen auf eine Erkrankung ab und erleichtern somit die Erfassung von Abweichungen. So soll beispielsweise schnell erkannt werden, dass sich eine Entlassung vielleicht verzögert, da eine Medikamentenunverträglichkeit vorliegt oder ein Patient nach einem operativen Eingriff Fieber bekommt.

5 CCM auf der Organisationsebene

Insgesamt ist für eine Orientierung an den Prozessabläufen eine Organisationsentwicklung im Krankenhaus notwendig, in der speziell die Aufbau- und Ablauforganisationen [→Kap. 5] reorganisiert werden.

Über eine interne Organisationsgestaltung hinaus wird die Umsetzung von Case Management im stationären Bereich insbesondere durch den §11 Abs. 4 SGB V begründet. Mit dem Ziel, Patienten aus der Klinik gut in die Weiterbehandlung zu entlassen, verpflichtet der Gesetzgeber die Akut- und Rehabilitationskliniken, ein Versorgungsmanagement einzurichten. Durch ein solches Versorgungsmanagement sollen Schnittstellenprobleme [→Kap. 4.2] behoben werden. Hierfür ist eine enge Zusammenarbeit zwischen den einzelnen Akteuren erforderlich, die durch Verträge zwischen Krankenkassen(-verbänden), Krankenhäusern und Ärzten geregelt wird.

„Versicherte haben Anspruch auf ein Versorgungsmanagement insbesondere zur Lösung von Problemen beim Übergang in die verschiedenen Versorgungsbereiche. Die betroffenen Leistungserbringer sorgen für eine sachgerechte Anschlussversorgung des Versicherten und übermitteln sich gegenseitig die erforderlichen Informationen. Sie sind zur Erfüllung dieser Aufgabe von den Krankenkassen zu unterstützen. In das Versorgungsmanagement sind die Pflegeeinrichtungen einzubeziehen; dabei ist eine enge Zusammenarbeit mit Pflegeberatern und Pflegeberaterinnen nach §7 a des Elften Buches zu gewährleisten. Das Versorgungsmanagement und eine dazu erforderliche Übermittlung von Daten dürfen nur mit Einwilligung und nach vorheriger Information des Versicherten erfolgen. Soweit in Verträgen nach den §§140 a bis 140 d nicht bereits entsprechende Regelungen vereinbart sind, ist das Nähere im Rahmen von Verträgen nach §112 oder §115 oder in vertraglichen Vereinbarungen mit sonstigen Leistungserbringern der gesetzlichen Krankenversicherung und mit Leistungserbringern nach dem Elften Buch sowie mit den Pflegekassen zu regeln."

Auszug aus §11 (4) SGB V

Durch das im Paragrafen 11 Absatz 4 SGB V beschriebene Versorgungsmanagement sind Care und Case Management-Ansätze festgehalten, die Krankenhäuser im Grunde verpflichten, über eine interne Steuerung hinaus auch außerhalb der Krankenhausmauern die Versorgung der Patienten sicherzustellen. Zu einer konkreten Umsetzung auf der Krankenhausebene gehört beispielsweise die Entwicklung von Standardprozessen, die über den Krankenhausaufenthalt hinaus verlaufen.

http://dvsg.org/uploads/media/
PositionspapierCaseManagementOktober2008_05.pdf
Unter dieser Adresse finden Sie das Positionspapier „Case Management und Soziale Arbeit" der Deutschen Vereinigung für Sozialarbeit im Gesundheitswesen e.V.

5.1.3 Beispiele aus den USA

In den USA existieren viele CM-Modelle „innerhalb der Klinikmauern", in denen Krankenpflegerinnen als Case Managerinnen ar-beiten. In sogenannten Primary Nurse Case Management-Modellen übernehmen sie beispielsweise sowohl direkte Pflegeaufgaben wie Überwachung der Vitalfunktionen als auch indirekte Aufgaben wie die Entlassungsplanung und die Kontrolle der Inanspruchnahme von Ressourcen.

In weiterführenden Modellen, den sogenannten Advanced Practice Case Management-Modellen, sind registrierte Pflegefachkräfte als Case Manager tätig. Sie übernehmen ausschließlich Aufgaben wie Entlassungsplanung oder betreuen entsprechend ihrer klinischen Erfahrung spezielle Patientengruppen wie Patienten mit Diabetes oder Schlaganfallpatienten. Im Gegensatz zu den Primary Nurse Case Management-Modellen findet keine direkte Bezugspflege statt, sondern die Case Managerinnen übernehmen organisierende Aufgaben.

5 CCM auf der Organisationsebene 87

Abhängig von den jeweiligen Programmen ist über eine Zuständigkeit während des Klinikaufenthaltes hinaus auch nach der Entlassung im ambulanten Bereich eine Betreuung möglich. Insgesamt liegt der Fokus dieser krankenhausbasierten Programme jedoch auf einer internen Prozesssteuerung.

Case Manager oder auch spezielle multiprofessionelle Teams unter Einbeziehung der Case Manager entwickeln Regelversorgungspläne, in denen standardisierte Prozessabläufe festgehalten sind. Anhand dieser Klinischen Pfaden oder Care Maps (→Klinische Behandlungspfade) werden Patienten durch den stationären Aufenthalt geleitet. Spezielle Patientenpfade geben den Patienten leicht verständlich Auskunft darüber, an welchem Tag welche Untersuchung stattfindet oder was hinsichtlich der Entlassung berücksichtigt werden sollte. Werden system- oder patientenbedingte Abweichungen, beispielsweise Engpässe in der Röntgenabteilung oder unerwartetes Fieber bei einem Patienten, das eine Entlassung verhindert, durch die behandelnden Pflegefachkräfte festgestellt, wird das Case Management benachrichtigt.

Die Case Manager versuchen, die Abweichungen von der Regelversorgung zu erfassen und entsprechend zu korrigieren. Im Falle des Patienten, der kurz vor der Entlassung Fieber bekommt, würden die Laborwerte kontrolliert und gegebenenfalls die geplante Entlassung umorganisiert.

> Damit Sie sich nicht auf dem Behandlungspfad verlaufen: Ihre persönliche care map!

5.1.4 Chancen von CCM im Krankenhaus

Auch in Deutschland zeigt sich mittlerweile eine große Vielfalt an Erscheinungsformen von Care und Case Management-Ansätzen wie z.b. Entlassungsmanagement, Überleitungspflege oder Patientenbegleitung im Krankenhaus. Im Gegensatz zu Konzepten der Pflegeüberleitung oder des →Entlassungsmanagements geht die Koordination der Versorgung im Sinne von Case Management weit über den Krankenhausaufenthalt hinaus. Eine ausschließliche Begrenzung des Verfahrens auf den akutstationären Bereich würde dem Grundgedanken – eine langfristige und über verschiedene Sektoren verlaufende Begleitung zu realisieren – nicht entsprechen. Als denkbare „Systemmanager" könnten Krankenhäuser mit anderen Dienstleistungsanbietern kooperieren und sich mit der Koordination von Versorgungsprozessen auseinandersetzen. Durch Kooperationsbeziehungen mit ambulanten Pflegediensten oder Sanitätshäusern besteht die Möglichkeit, dass Krankenhäuser über den stationären Aufenthalt hinaus eine Prozesssteuerung initiieren.

5 CCM auf der Organisationsebene

Folgende Chancen können sich durch die Einführung von CCM im Krankenhaus entwickeln:
- Patienten mit medizinischen oder sozial komplexen Problemlagen können umfassender beraten und begleitet werden.
- Die Interessen und Bedürfnisse der Patienten können für die Behandlung oder Entlassung besser berücksichtigt werden.
- Die Kommunikation innerhalb von Kliniken wie auch zu andern Einrichtungen kann verbessert werden.
- Pflegekräfte und Ärzte können von Verwaltungsaufgaben und organisatorischen Tätigkeiten wie Absprachen mit Leistungsträgern und informellen Helfern entlastet werden.
- Es erfolgt eine kontinuierliche Qualitätssicherung und Qualitätsverbesserung.
- Durch ein Schnittstellenmanagement [→Kap. 4.2] kann sich eine abgestimmte Überleitung zwischen Arbeitsbereichen bzw. Sektorengrenzen entwickeln.

5.1.5 Abgrenzung verschiedener CCM-Ansätze im Krankenhaus

Wie bereits beschrieben [→Kap. 5.1.2] können in Krankenhäusern verschiedene Ansätze von Case Management umgesetzt werden. Es ist dabei nicht immer klar, ob und ab wann es sich um Case Management handelt, da viele der Ansätze zur Patientenbegleitung und des Entlassungsmanagements Ähnlichkeiten zum CCM aufzeigen.

Folgende Kriterien nach Ribbert-Elias (2006) sollen helfen, Case Management-Programme im Krankenhaus zu identifizieren:
- Case Management-Fälle werden eindeutig identifiziert (Problemkomplexität, hohe Akteursdichte). Mit anderen Worten: Nicht alle Patienten, die in einem Krankenhaus aufgenommen und die im Entlassungsmanagement sind, werden von einem Case Manager betreut.

- Der CM-Regelkreis [→Kap. 3] wird vollständig umgesetzt. Das heißt, von der Klärungsphase bis zur Evaluation werden alle Schritte durchgeführt. Eine Realisierung des gesamten Prozesses während des Aufenthaltes im Krankenhaus erweist sich als schwierig. Im Sinne eine Kontinuität sollte die Evaluation sich nicht nur auf den Klinikaufenthalt, sondern auch auf die Überleitung in einen anderen Versorgungsbereich beziehen.
- Der Case Manager ist für den gesamten Versorgungsverlauf zuständig und verantwortlich. Mit anderen Worten: Eine Kontinuität in der Fallintervention ist gewährleistet.
- Für die Durchführung von Case Management ist eine interne und auch externe [→Kap. 6] Vernetzung Voraussetzung. Insbesondere im Krankenhaus bedeutet dies, ein Schnittstellenmanagement [→Kap. 4.2] zu etablieren bzw. eine Zusammenarbeit zwischen einzelnen Krankenhausbereichen sicherzustellen. Zudem findet eine Vernetzung mit Akteuren außerhalb der Klinikmauern statt.

5.1.6 Praxisbeispiel „Der Bunte Kreis"

Das Modell „Der Bunte Kreis" oder auch „Augsburger Nachsorgemodell der Kinderklinik Augsburg" besteht seit 1994. Ein multiprofessionelles Case Management-Team organisiert für krebs- und schwerstkranke Kinder und Frühgeborene sowie Familien u.a. Maßnahmen zur Pflegenachsorge, Diätberatung, Krisenhilfe und Trauerbegleitung. Die ganze Familie wird als Patient betrachtet und behandelt. Die Betreuung und Behandlung durch die Mitarbeiter des Bunten Kreises können seit 1998 zum Teil über §43 a SGB V als „ergänzende Leistungen zur Rehabilitation" mit den Krankenkassen abgerechnet werden.

5 CCM auf der Organisationsebene

Neben dem Bereich der Sozialpädiatrie wurde das Modell des Bunten Kreises für die Zielgruppe der Schlaganfallpatienten angepasst. In dem Modellprojekt steht seit Juli 2005 eine Begleitstelle für Schlaganfallbetroffene des PatientenNetzes Augsburg zur Verfügung. Getragen wird das PatientenNetz vom beta Institut in Zusammenarbeit mit dem Schlaganfallzentrum der Neurologischen Klinik des Klinikums Augsburg. Eine Förderung erfolgt im Rahmen von Verträgen zur Integrierten Versorgung (§§140 ff SGB V) oder Vereinbarungen mit verschieden Krankenkassen.

Die Begleitstelle hat Kooperationsverträge mit über hundert niedergelassenen regionalen Hausärzten und begleitet Schlaganfallpatienten der teilnehmenden Krankenkassen während des Aufenthalts im Schlaganfallzentrum des Klinikums Augsburg und bis zu einem Jahr nach dem stationären Aufenthalt.

Das multidisziplinäre Case Management-Team setzt sich aus Pflegefachkräften, einer Sozialarbeiterin, einer Pflegewirtin (alle sind →zertifizierte Case Managerinnen) sowie Ärzten des Schlaganfallzentrums zusammen.
Neben Beratungsangeboten rund um den Schlaganfall, wie Fragen zu Leistungen der Krankenkassen oder zur Wiederaufnahme des Arbeitsverhältnisses, unterstützen die Case Managerinnen die Zusammenarbeit von niedergelassenen Ärzten und anderen Leistungserbringern, um eine optimale Nachsorge zu erreichen. Die Case Managerinnen nehmen regelmäßig Kontakt zu den Patienten auf.

online www.bunter-kreis.de
www.beta-institut.de/fue_patientennetz_schlaganfall.php

5.2 CCM im ambulanten Kontext

Eine Stärkung der ambulanten Patientenversorgung kann nur mit einer Ausdifferenzierung von vielfältigen Betreuungs-, Pflege- und Wohnformen einhergehen. Selbstbestimmtes Leben und damit auch Wohnen in der eigenen Häuslichkeit bei Pflegebedürftigkeit und im Alter ist nur möglich, wenn umfassende Dienstleistungsangebote individuell zugeschnitten werden können.

5.2.1 Historische Entwicklung

Die Geschichte der ambulanten Krankenpflege ist lang, wobei die Ursprünge meist auf kirchliche Einrichtungen zurückgehen, die insbesondere arme und hilfebedürftige Menschen in ihren Gemeinden versorgten. Anfang des 20. Jahrhunderts gab es viele Gemeindeschwestern und auch während der Zeit des Nationalsozialismus wurden Gemeindeschwestern eingesetzt, die neben gesundheitlichen und pflegerischen Aufgaben nationalsozialistisches Gedankengut verbreiten sollten. Nach dem Zweiten Weltkrieg arbeiteten im Westen kirchliche Gemeindeschwestern, in der DDR ergänzten Gemeindeschwestern insbesondere in den ländlichen Gebieten die Arbeit der Hausärzte.

In den 1950er Jahren kam es zu einem Mangel an Gemeindeschwestern. Zum einen waren die Mitarbeiterinnen in der ambulanten Pflege überaltert, zum anderen war das Berufsbild wenig attraktiv und wurde kaum in der Ausbildung berücksichtigt, da die Versorgung kranker Menschen in Kliniken immer stärker zunahm. Zeitgleich mit dem Rückgang der kirchlich-ambulanten Krankenpflege entwickelten sich sogenannte Sozialstationen, in denen unterschiedliche soziale und pflegerische Dienste in der Familien- und Hauskrankenpflege zusammengefasst waren.

5 CCM auf der Organisationsebene

Die Gemeindeschwestern übernahmen bis in die 1950er Jahre große Teile der ambulanten Versorgung.

Ein weiterer grundlegender Wandel fand 1995 mit Einführung der Pflegeversicherung statt. Die Rahmenbedingungen für die bis dahin staatlich geförderten Sozialstationen veränderten sich, da viele Bundesländer die finanziellen Förderungen reduzierten. Die privaten Pflegedienste wurden den staatlichen Sozialstationen gleichgesetzt. Mit dieser Entwicklung erfolgte eine allgemeine Abkehr von der Gemeindeorientierung hin zu einer Orientierung an privatwirtschaftlichen Faktoren (Hackmann 2001).

Neben der ambulanten pflegerischen Versorgung besteht eine Vielzahl an Dienstleistungen, die an der Betreuung und Behandlung von hilfebedürftigen Menschen beteiligt sind. Hierzu zählen Apotheken, Ärzte, Sanitätshäuser, Beratungsstellen und Selbsthilfegruppen.

5.2.2 Beispiel für CCM im ambulanten Bereich: Koordinierungsstellen „Rund ums Alter"

Exemplarisch zeigt das Konzept der Berliner Koordinierungsstellen „Rund ums Alter", wie Case Management-Programme im ambulanten Bereich als begleitende und koordinierende Dienste in den Systemen Gesundheit und Pflege agieren können. Obwohl die Koordinierungsstellen heute Teil der Pflegestützpunkte geworden sind, ist das ursprüngliche Konzept der Koordinierung weiterhin beispielhaft. Solche Koordinierungsstellen informieren, beraten und unterstützen ältere hilfebedürftige Menschen und ihre Angehörigen zu Fragen des selbstbestimmten Lebens im Alter.

Ein erklärtes Ziel der Koordinierungsstellen ist es, den Verbleib ihrer Klienten in der eigenen Häuslichkeit zu ermöglichen. Die Beratungsangebote erstrecken sich über die Möglichkeiten der häuslichen Versorgung wie alters- und behindertengerechter Wohnungsanpassung sowie Maßnahmen der Rehabilitation und sozialen Reintegration. Bei Bedarf führen die Mitarbeiterinnen kostenlos →Hausbesuche durch.

Auf der Systemebene [→Kap. 2.2] vernetzen sich die Koordinierungsstellen mit niedergelassen Ärzten, Pflegestationen, Therapeuten sowie regionalen Wohnungsunternehmen. In den Koordinierungsstellen arbeiten zwei bis drei hauptamtlich Beschäftigte, neben denen teilweise auch freiwillig Engagierte [→Kap. 5.4] tätig sind.

Die Berliner Koordinierungsstellen „Rund ums Alter" werden vom Land Berlin, der Liga der Spitzenverbände der Freien Wohlfahrtspflege und teilweise den Bezirksämtern finanziert.

www.koordinierungsstellen-rundumsalter.net.

{ # 5 CCM auf der Organisationsebene

5.3 CCM der Leistungsträger

Der Gesetzgeber hat im §1 SGB V die Aufgabe der gesetzlichen Krankenkassen festgehalten, die Gesundheit der Versicherten zu erhalten, wiederherzustellen oder zu verbessern. Somit haben Versicherte ein Anrecht auf präventive und kurative Behandlungen durch ambulante, teilstationäre oder stationäre medizinische und therapeutische Versorgung. Grundsätzlich liegt die Durchführung von Case und →Disease Management-Programmen als Aufgabe der Krankenkassen in den §§ 2, 12 und 70 SGB V begründet. Hier sind jene Aufgaben der Krankenkassen verankert, auf Qualität, Humanität und Wirtschaftlichkeit der zu erbringenden Leistungen hinzuwirken.

Die Versicherten sind für ihre Gesundheit mitverantwortlich und sollen beispielsweise durch eine gesundheitsbewusste Lebensführung und aktive Mitwirkung an Krankenbehandlung und Rehabilitation den Eintritt oder die Folgen von Krankheiten vermindern. Die Krankenkassen helfen gemäß §1 SGB V den Versicherten dabei durch Aufklärung und Beratung.

Seit etwa 15 Jahren führen die Krankenkassen und andere Sozialversicherungsträger Fallmanagement durch, unter anderem mit dem Ziel, Strukturproblemen in der Gesundheitsversorgung zu begegnen. Mit dem Begriff Fallmanagement wird häufig eine ansatzweise Umsetzung des Case Management-Konzeptes bezeichnet. Die Ausrichtung des Fallmanagements erfolgt eher anbieterorientiert, und zwar mit dem Ziel, kostensparend zu arbeiten.

Wie schon beschrieben [→Kap. 5] zeichnet sich das deutsche Gesundheitssystem durch eine mehrfache Zergliederung aus, beispielsweise ist der Bereich Rehabilitation durch eine mehrteilige Zuständigkeit gekennzeichnet, in der teilweise mehrere Träger unterschiedliche Maßnahmen durchführen und koordinieren. Insbesondere die Zunahme von chronischen Erkrankungen erfordert eine Veränderung der Versorgungsorganisation, die eine kontinuierliche und umfassende Koordination von Leistungen gewährleisten sollte.

Seit einigen Jahren hat sich dementsprechend das Selbstverständnis der Krankenkassen gewandelt: Die Rolle der Sozialversicherungsfachangestellten als „Verwalter" der Beiträge und Belange der Versicherten wird seit längerer Zeit in Frage gestellt und ein Wandel zu kundenorientierten Dienstleistungsanbietern angestrebt. Neben einer stärkeren Beratungsfunktion der Krankenkassen steht insbesondere das Bestreben, aktiv an der Steuerung von Krankheits- und Rehabilitationsfällen mitzuwirken.

Durch verschiedene Formen des Tarif-, Vertrags- und Versorgungsmanagements übernehmen Krankenkassen zunehmend mehr Verantwortung bei der Gestaltung der Gesundheitsversorgung. Der Spruch „vom Payer zum Player" wird in diesem Zusammenhang oft verwendet, um den Paradigmenwechsel der Leistungsträger unter zunehmenden ökonomischen Zwängen (z.B. Stabilität der Beitragssätze) zu beschreiben. Die Leistungsträger versuchen mit Hilfe von Strategien der Fallsteuerung und des Versorgungsmanagements wie →Disease Management-Programmen, Einfluss auf die Versorgung zu übernehmen.

5 CCM auf der Organisationsebene

Zielgruppe solcher Strategien sind oftmals erwerbstätige Versicherte mit Langzeiterkrankungen. Durch die Arbeitsunfähigkeitsmeldung (AU-Meldung) werden die Kassen auf die Versicherten aufmerksam und nehmen Kontakt zu ihnen auf, um sie zu beraten und gegebenenfalls erforderliche Maßnahmen zur Rehabilitation in die Wege zu leiten. Ziel ist es hierbei, den Versicherten die passenden Hilfeleistungen zukommen zu lassen, damit eine schnellstmögliche Arbeitsfähigkeit wiederhergestellt werden kann.

Die konzeptionelle Ausgestaltung und die Arbeitsorganisation der Case Management-Programme der Leistungsträger sind unterschiedlich geregelt. Einige Kassen beschränken ihr kasseneigenes Serviceangebot, beispielsweise zur Rehabilitationsberatung, auf ein administratives Fallmanagement ohne Kontakt zum Versicherten, andere nehmen gezielt Kontakt zu ihren Versicherten auf.

Einige Krankenkassen treten gezielt in Kontakt zu den Versicherten, um sie zu beraten.

Der zunehmende Einsatz von Fallmanagement-Programmen der Krankenkassen zeigte Auswirkungen auf die bisherigen Strukturen. Beispielsweise kooperieren Krankenhaussozialdienste, die oftmals mit der Überleitung von Patienten vom stationären in den ambulanten Bereich betraut waren, mehr oder weniger intensiv mit den Fallmanagern der Leistungsträger.

Einige Krankenkassen verfügen für die psychosoziale Betreuung von Versicherten über einen eigenen Sozialdienst. Andere Leistungsträger bauten eigene Dienste wie Telefon-Hotlines oder Beratungsdienste in Krankenhäusern zur Patientenberatung aus. Teilweise beauftragen Krankenkassen Unternehmen damit, das Fallmanagement für bestimmte Zielgruppen, wie beispielsweise Versicherte mit psychiatrischen Erkrankungen oder Patienten mit langen stationären Aufenthalten, zu übernehmen.

Auch zum Bereich der Pflegekassen finden sich im SGB XI verschiedene Regelungen, die die Durchführung von Case Management für pflegebedürftige Menschen ermöglichen. Beispielsweise ist das personenbezogene →Budget oder Pflegebudget nach §8 SGB XI zu nennen. Mit der Einführung des Pflegeweiterentwicklungsgesetzes (PfWG) haben ab dem 1. Januar 2009 alle Personen, die Leistungen nach dem Elften Sozialgesetzbuch beziehen, gemäß §7 a SGB XI einen Anspruch auf individuelle Beratung und Hilfestellung durch Pflegeberater. Ziel der Beratung ist es, bei der Auswahl und Inanspruchnahme von Versorgungsleistungen bedarfsbezogene und individuelle Hilfestellung zu leisten.

Im Rahmen der Ansiedlung der →Pflegeberatung in Pflegestützpunkten kann die fallbezogene Beratung, die sich an dem Verfahren Case Management orientiert, durch ein systembezogenes Versorgungsmanagement (oftmals als „Care Management" bezeichnet) ergänzt werden.

5.4 CCM in Pflegestützpunkten

5.4.1 Rahmenbedingungen der Pflegestützpunkte

Am 1. Juli 2008 ist das Gesetz zur strukturellen Weiterentwicklung der Pflegeversicherung – kurz: Pflege-Weiterentwicklungsgesetz (PfWG) – in Kraft getreten. Hierin beschließt der Gesetzgeber den Aufbau und die Anschubfinanzierung von Pflegestützpunkten (PSP, §92 c SGB XI).

Das Gesetz definiert Pflegestützpunkte als wohnortnahe Anlaufstellen für hilfebedürftige Ältere sowie für Kinder und Jugendliche und deren Familien. Sie beraten umfassend, unabhängig und unentgeltlich (§7 a des PfWG). Als Beratungsverfahren der Wahl wird im Gesetz das „Klassische Case Management" genannt.

Die Pflegestützpunkte koordinieren sämtliche für die Versorgung und Betreuung im Einzelfall in Frage kommenden Angebote und unterstützen die Betroffenen bei deren Inanspruchnahme (Case Management). Und sie vernetzen die regional oder bei den unterschiedlichen Trägern und Einrichtungen vorhandenen pflegerischen und sozialen Versorgungs- und Betreuungsangebote miteinander, um das gesamte Angebot an Hilfeleistungen aufzuzeigen (Care Management).

Pflegestützpunkte beraten zu
- allen Fragen rund um Pflege und Alter,
- Leistungen von Pflege- und Krankenkassen,
- Sozialleistungen des Staates,
- sämtlichen Hilfsangeboten der Pflege sowie
- Hilfsmitteln, Alltagshilfen und Möglichkeiten der Wohnungsanpassung.

Hintergrund für das Gesetz ist die für den Laien schwer durchschaubare Vielfalt von ambulanten, stationären und teilstationären Versorgungsangeboten der Kuration Intensivpflege, Rehabilitation, Prävention, Palliativversorgung, der Kurzzeitpflege, Tag- oder Nachtpflege sowie der sozialen Unterstützung durch Selbsthilfegruppen, ehrenamtlichen Hilfe etc. Für diese Leistungen gibt es gesetzlich geregelte und strikt voneinander getrennte Verantwortlichkeiten und Finanzierungsquellen mit staatlichen, verbandlichen und marktlichen Elementen. Eine steigende Anzahl von Diensten bietet ein ausdifferenziertes Angebot für unterschiedliche Problemstellungen. Dies birgt aber auch die Gefahr, durch die Sektorierung der Zuständigkeiten die Gesamtsituation des Hilfesuchenden aus den Augen zu verlieren.

Das PfWG schreibt den Pflegestützpunkten eine Lotsenfunktion zu. Sie sollen individuell beraten und begleiten (Case Management) und die Versorgungsangebote für den Einzelnen wie für Gruppen von Nutzern vernetzen (Care Management). In dieser Kombination heben sie sich von allen zuvor existierenden Beratungs- und Hilfeangeboten ab.

Die bisher in allen Bundesländern erfolgte Umsetzung des Gesetzes zum Aufbau von Pflegestützpunkten wird vom Kuratorium Deutsche Altershilfe (KDA) wissenschaftlich begleitet. Die Ergebnisse der Evaluation sollen Auskunft geben über die Anzahl der Pflegebedürftigen, die beraten wurden, die Vielfalt der aufgenommenen Bedarfe und die Angemessenheit der Qualifikation der in den Pflegestützpunkten arbeitenden Mitarbeiter.

online www.kda.de
Die Webseite des Kuratoriums Deutsche Altenhilfe

5 CCM auf der Organisationsebene

Die vorgeschrieben Mindeststandards für einen Beratungsstützpunkt sind:
- getrennte Räume zu denen des geschäftsführenden Trägers
- zwei Beratungsplätze
- Sitzungstisch für Selbsthilfegruppen und Ehrenamtliche
- barrierefreier Zugang
- EDV-Ausstattung mit Internetzugang
- zugehende Beratung, die →lebensweltorientiert Beratungssituationen für Klienten angenehm gestalten möchte
- ganztägige telefonische Erreichbarkeit
- mehrstündige tägliche Präsenz

Im Beratungsprozess sollen zur Anwendung kommen:
- abgestimmte Erhebungsverfahren (Assessment)
- abgestimmte telefonische Beratung
- einheitliches Case Management-Verfahren
- gemeinsame Datenbank

www.hilfelotse.de
Der Hilfelotse ist eine internetgestützte Informationssoftware für die vernetzte Beratung und Koordination im Sozial- und Gesundheitswesen.

Pro Beratungsstelle sieht der Gesetzgeber zweieinhalb Vollzeitstellen vor, die sich Pflegefachkräfte, Sozialarbeiter und Sozialversicherungsfachangestellte teilen. Die nach dem §7 a SGB XI ausgebildete Beratungsfachkraft muss eine abgeschlossene Ausbildung in der Kranken- oder Altenpflege, der sozialen Arbeit oder als Sozialversicherungsfachangestellte besitzen. Darüber hinaus soll sie über Kenntnisse in Kommunikation und Gesprächsführung, →Moderation und Arbeit in Fallkonferenzen sowie in Verhandlungsführung mit Sozialleistungsträgern und Leistungserbringern verfügen.

Sie muss eine Schulung mit mindestens 100 Stunden Pflegefachwissen, 180 Stunden Case Management sowie 40 Stunden allgemeines Sozialrecht und 80 Stunden pflegespezifisches Recht nachweisen (→zertifizierte Weiterbildung). Ebenso müssen ein mindestens einwöchiges Praktikum in einer ambulanten Versorgung und ein zweitägiges in einer teilstationären Versorgung nachgewiesen werden.

Der nachfolgende Gesetzestext beschreibt den gesetzlich festgehaltenen Anspruch auf →Pflegeberatung sowie die wesentlichen Elemente des Beratungsprozesses.

„Personen, die Leistungen nach diesem Buch erhalten, haben ab dem 1. Januar 2009 Anspruch auf individuelle Beratung und Hilfestellung durch einen Pflegeberater oder eine Pflegeberaterin bei der Auswahl und Inanspruchnahme von bundes- oder landesrechtlich vorgesehenen Sozialleistungen sowie sonstigen Hilfsangeboten, die auf die Unterstützung von Menschen mit Pflege-, Versorgungs- oder Betreuungsbedarf ausgerichtet sind (Pflegeberatung). Aufgabe der Pflegeberatung ist es insbesondere:

– den Hilfebedarf unter Berücksichtigung der Feststellungen der Begutachtung durch den Medizinischen Dienst der Krankenversicherung systematisch zu erfassen und zu analysieren,

– einen individuellen Versorgungsplan mit den im Einzelfall erforderlichen Sozialleistungen und gesundheitsfördernden, präventiven, kurativen, rehabilitativen oder sonstigen medizinischen sowie pflegerischen und sozialen Hilfen zu erstellen,

– auf die für die Durchführung des Versorgungsplans erforderlichen Maßnahmen einschließlich deren Genehmigung durch den jeweiligen Leistungsträger hinzuwirken,

– die Durchführung des Versorgungsplans zu überwachen und erforderlichenfalls einer veränderten Bedarfslage anzupassen sowie

– bei besonders komplexen Fallgestaltungen den Hilfeprozess auszuwerten und zu dokumentieren."

SGB XI §7 a Pflegeberatung

5.4.2 Pflegeberatung und Versorgungskoordination für ältere Menschen in den USA

Ein Beispiel über Beratungsstellen für ältere Menschen aus den USA soll verdeutlichen, wie international die Umsetzung von Case Management innerhalb der Versorgungsstrukturen möglich ist.

In den USA bestehen seit vielen Jahren mit den Pflegestützpunkten in Deutschland vergleichbare Beratungsstellen für Menschen ab 60 Jahren. Über das US-Department of Health and Human Service wurden bereits 1965 nach einer gesetzlichen Regelung, dem Older Americans Act, sogenannte Area Agencies on Aging (AAA) in allen US-amerikanischen Bundesstaaten eingeführt. Bundesweit existieren derzeit ca. 650 solcher Beratungsstellen sowie 240 Organisationen, die für die amerikanischen Ureinwohner zuständig sind, die so genannten Tribal Organizations. Die Agencies dienen als erste Anlaufstelle für Ratsuchende und haben den Auftrag, die Bevölkerung zu informieren sowie die Belange älterer Menschen auf lokaler Ebene zu vertreten.

Flankierend zu diesem Angebot bietet seit Anfang der 1990er Jahre die US-Administration on Aging einen öffentlichen Service, den Eldercare Locator an, der in allen Bundesstaaten älteren Menschen und ihren Angehörigen hilft, die lokalen Hilfsangebote zu finden. Der Eldercare Locator soll als Wegweiser den Hilfesuchenden erste Hinweise über die Hilfsangebote geben und arbeitet mit dem Interessenverband der Area Agencies on Aging (National Association of Area Agencies on Aging) zusammen.

In den einzelnen Bundesstaaten sind Agencies für bestimmte Landkreise (*counties*) zuständig. Beispielsweise in Kansas, einem Bundesstaat im Mittleren Westen der USA, bestehen insgesamt elf AAA, die für 105 Landkreise zuständig sind. Die Agencies sind regional organisiert, was bedeutet, dass die Einrichtungen und deren Angebote sich voneinander unterscheiden können. So agieren drei der AAA in Kansas im Auftrag der Kommune und acht AAA sind not-for-profit-Organisationen. Das Kansas Department on Aging-Programm verwaltet und kontrolliert die Agencies.

Ziel der Arbeit der AAA ist es, ältere Menschen über die verschiedenen Versorgungsangebote (*services*) in ihrem Wohnumfeld zu informieren und eine nach den Wünschen der Betroffenen gemeindenahe Versorgung zu ermöglichen. Hierzu werden neben Informations- und Beratungsangeboten in vielen AAA zusätzliche Koordinierungsaufgaben in Case Management-Programmen übernommen.

Zusätzlich zu den telefonischen Beratungen oder der Vermittlung von Informationsmaterial führen Mitarbeiterinnen der AAA beispielsweise eine umfassende Einschätzung der Bedürfnisse, Stärken und der Lebenswelt der Klienten sowie deren medizinischen Belange durch. Diese Falleinschätzung (→*assessment*) [→Kap. 3.2] findet gewöhnlich im häuslichen Umfeld statt, damit die Lebens- und Wohnsituation umfassend betrachtet werden kann. Die zur Verfügung stehenden kommunalen Dienstleistungen sollen passgenau und bedarfsgerecht genutzt werden können. Da ehrenamtliche Dienste in den USA sehr verbreitet sind, werden oftmals professionelle Dienstleistungsangebote mit freiwilligen Angeboten wie Besuchsdiensten (*friendly-visitors*) kombiniert.

www.k4a.org
www.eldercare.gov/Eldercare.NET/Public/Home.aspx

5.5 CCM mit Freiwilligen

5.5.1 Bedeutung von Freiwilligen für das CCM

Gegenwärtig gibt es eine umfassende Debatte über den Pflegebegriff, nicht zuletzt deshalb, weil der demografische Wandel den Bedarf an pflegerischen Hilfen und Pflege-Konzepten für Ältere und Hochbetagte ständig erhöht. Mehr Pflege bedeutet eine immer höhere Verantwortung für den gesamten Koordinationsprozess, seine Schnittstellen und Übergänge. Und es stellt sich die Frage, wer an diesem Prozess beteiligt ist. Neben den Angehörigen, die nach wie vor den größten Teil der Pflege wahrzunehmen haben, sind dies zunehmend auch Menschen, die sich freiwillig für unterstützende, entlastende und vorbeugende Maßnahmen im Feld von Pflegearbeit engagieren möchten. Ihren Einsatz möglich zu machen, zu begleiten und zu koordinieren, aber auch die entstehende Verantwortung und die Rollen klar zu definieren, ist die Aufgabe eines „Freiwilligenmanagements".

Im Folgenden soll erörtert werden, welches die Grundvoraussetzungen und die notwendigen Rahmenbedingungen für ein gelingendes Zusammenspiel zwischen freiwillig Engagierten und den anderen, hauptamtlichen Akteuren im Feld der Pflege sein sollten. Freiwilligenmanagement ist ein systematisierter Prozess, der in das Ineinandergreifen von Pflege-Management-Maßnahmen integriert werden kann. Gleichwohl erfordert Freiwilligenmanagement ebenso intensive Aufmerksamkeit und Sensibilität für die Engagierten wie es das Care und Case Management für die Betreuten beansprucht.

Wenn hier von Pflege gesprochen wird, so soll dieser zentrale Begriff und Bezugspunkt für das Care und Case Management bewusst weit, d.h. aus der Sicht eines bürgerschaftlich mitgetragenen, ganzheitlichen Entwicklungs- und Interaktionsprozesses verstanden werden können: Das Grundverständnis von Pflege sollte in der Freiwilligenarbeit bei der WHO-Definition ansetzen, d.h. es sollte die physischen, psychischen und sozialen Aspekte des Lebens in ihrer Auswirkung auf Gesundheit, Krankheit, Behinderung und Sterben berücksichtigen.

Damit wird der oft rein physisch definierte Pflegebegriff um die so wichtigen Ziele für die sozialen, psychischen und kommunikativen Möglichkeiten einer Person erweitert und ergänzt.

Die Hilfen von Freiwilligen liegen außerhalb von körperlicher Pflege, nämlich bei der Aufrechterhaltung oder Wiedererlangung persönlicher Mobilität, der inner- und außerhäuslichen Aktivitäten, der Teilhabe an sozialen, familiären, gemeinwesenbezogenen oder gesellschaftlichen Ereignissen und Entwicklungen, schließlich auch bei der aktiven Mitwirkung.

Es geht darum, Lebensqualität im Sinne eines ausgefüllten, selbstbestimmten Lebens für Menschen erhalten oder schaffen zu können, wenn möglich den Verlust von eigenen Fähigkeiten zu vermeiden oder zu verzögern. Freiwillige können maßgeblich zur körperlichen (Re-)Aktivierung oder auch zur Prävention beitragen, übernehmen aber keine verrichtungsbezogene Pflege.

5.5.2 Motive von Freiwilligen für den Pflegebereich

Das freiwillige Engagement für Pflegebedürftige ist kein klassisches Einsteigerengagement. Vielmehr kehren viele ehemals pflegende Angehörige freiwillig in dieses Engagementfeld zurück. Und Menschen mit einer vorhergehenden Engagementerfahrung suchen hier weitere persönliche Herausforderungen ganz bewusst auf.

In einer Studie aus dem Jahr 2006 heißt es (Gräßel/Schirmer 2006):

„Die ‚Suche nach einer sinnvollen Aufgabe' und das ‚Wissen über Demenz vergrößern wollen' waren die Hauptmotive für die Teilnahme. Dieser Personenkreis möchte den Umgang mit Demenzkranken an Fallbeispielen und durch praktisches Üben erlernen. Berufstätigkeit bzw. der Wiedereinstieg in den Beruf führten am häufigsten zum Abbruch des freiwilligen Engagements. Ohne eine professionelle Begleitung, die vor allem als Ansprechpartner bei Problemen kontinuierlich zur Verfügung steht, ist ein derartiges Entlastungsangebot nicht aufrecht zu erhalten."

5 CCM auf der Organisationsebene

Menschen, die also freiwillig oder unfreiwillig Erfahrungen im Pflegesektor gemacht haben, sind sensibilisiert für die Perspektive der Pflegebedürftigen, d.h. der Menschen, die Pflege, Unterstützung und Alltagshilfen für ihre Gesundung oder, grundlegender, für ihre Lebensqualität nötig haben. Sie haben damit bereits eine Erfahrung mit dem gemacht, was Perspektivenwechsel genannt wird.

Ein weiteres Licht auf die Zugangsmotivation wirft eine Studie des Instituts für Sozialforschung und Gesellschaftspolitik (ISG), die das Bundesfamilienministerium 2007 veröffentlicht hat. Demnach ließen sich folgende Motivationsanteile bei einer empirischen Untersuchung in Einrichtungen der Altenhilfe bei dort tätigen Freiwilligen bzw. Ehrenamtlichen feststellen:

95%	Bewohnern Gutes tun
83%	etwas Sinnvolles tun
64%	Dankbarkeit der Bewohner
64%	Einsamkeit der Bewohner
62%	Kontakt zu anderen
57%	im Heim mitarbeiten
47%	Versorgung verbessern
39%	Lob von Hauptamtlichen
39%	Hauptamtliche entlasten
22%	früher Angehörige im Heim
11%	eigene Einsamkeit
11%	Kosteneinsparung

ISG 2007 S. 71

5.5.3 Aufgabenprofile für Freiwillige und deren Management

Freiwillige, die sich im Bereich der Pflege bewegen, benötigen also ein Gerüst an Rahmenbedingungen. Die Anforderungen sind hoch, denn es handelt sich um „personenbezogene Dienstleistungen", auch wenn diese unentgeltlich und freiwillig erbracht werden. Gerade die freiwillige Motivation erfordert besondere persönliche Begleitung, Förderung und Unterstützung (Freiwilligenmanagement) in der Institution, damit es weder zu einer Überforderung noch zu einer Unterforderung für die Engagierten kommt (Aufgaben-Design).

Folgende Rahmenbedingungen sind wichtig:
- Klare Aufgabenbeschreibung: was ist zu tun? Für wen, mit welcher Einschränkung, Behinderung oder Krankheit? Wie viel Zeit soll zur Verfügung stehen?
- Welches Wissen bzw. welche Kenntnisse werden benötigt und wie erlangt sie der Freiwillige?
- Gibt es eine Einführung, Probezeit oder Vorbereitungskurse?
- Durch wen erfolgt die regelmäßige Anleitung, Begleitung und Koordination der freiwilligen Tätigkeit in der Organisation?
- Was kann eine freiwillige Person aus dieser Tätigkeit für sich gewinnen, lernen, daraus ziehen?
- Gibt es ausreichend Versicherungsschutz (Unfall-, Haftpflichtversicherung) für die Verantwortungsbereiche der Freiwilligen, werden ihnen Aufwandsentschädigungen angeboten?
- Wie wird das Engagement durch die Organisation anerkannt?
- Wie können Freiwillige ihre Eindrücke und Erlebnisse in die Arbeit der Organisation einfließen lassen, wo und wie werden sie als Partner beteiligt?

Es hat sich gezeigt, dass sich jede Organisation, ob klein oder groß, mit diesem Katalog von Rahmenbedingungen auf Freiwillige gut vorbereiten sollte, damit das Engagement sicher, freudvoll und effektiv für alle Beteiligten gestaltet werden kann. Die Ergebnisse einer mit freiwilliger Hilfe ganzheitlich gestalteten Pflegeleistung sind von besonderer humanitärer Qualität.

5.5.4 Ein ergänzendes Verhältnis aufbauen: hauptamtlich Pflegende – freiwillige Helfer – Freiwilligenmanager

Entscheidend für die personelle Zusammenarbeit zwischen hauptamtlich und ehrenamtlich Tätigen in einer Organisation ist die Frage, wer wen wie respektiert und wie kooperiert wird. Es gilt, drei verschiedene Arten von Beziehungsfallen durch klare Aufgabendefinition zu vermeiden:

A **Die Aufgabenverteilungsfalle:** Sie entsteht immer da, wo Freiwillige und hauptamtlich Tätige für ein und dieselbe Arbeit oder Aufgabe eingeteilt werden. Beispiel: Freiwillige kümmern sich gern um einzelne Personen besonders intensiv. Wenn dies aber vom Heimpersonal ebenfalls geschieht, sind beide Seiten und die betreffende Bewohnerin sicher bald irritiert. Hier müssen Schwerpunkte (Tageszeit, Nachtzeit) gesetzt und Verantwortungsabsprachen getroffen werden.

B **Die Kompetenzfalle:** Freiwillige fühlen sich herabgesetzt und reagieren empfindlich, wenn hauptamtliches Personal deutlich macht, dass sie die Laien, da ohne Kenntnisse in der Pflegearbeit seien. Umgekehrt vertrauen Freiwillige mit persönlicher Vorerfahrung (z.b. eine intensive Verlusterfahrung durch den Tod ihres Partners) nicht der Sensibilität und dem Verständnis des „unerfahrenen" Pflegepersonals, obwohl dies zunächst ein Vorurteil ist. Hier ist es wichtig zu klären, wer sich mit welcher Art von Kompetenz wie sicher und belastbar fühlt. Es ist sicher besser, wenn sich haupt- und ehrenamtliche Kräfte über diese Themen gemeinsam austauschen, bevor sie sich beurteilen.

C **Die Anerkennungsfalle:** Betreute bzw. Pflegepersonen richten sich auf Menschen, die ihnen Zuwendung schenken, mit Zuneigung ihrerseits und Dankbarkeit aus. Ein schönes Gefühl, eine Beziehung entsteht. Das kann auch Neid auf diese besondere Verbundenheit bei anderen bewirken.

In solchen Situationen mit freundlichem Verständnis zu reagieren, heißt auch, für sich selbst im Beziehungsleben gut sorgen zu können.

Inwiefern dies bei stark eingebundenem Pflegepersonal oder bei hoch engagierten Freiwilligen immer der Fall ist und wie hier jeder für sich vorsorgen kann, sollte durch begleitende Supervisionen oder Erfahrungsaustauschrunden und Teamarbeit frühzeitig erarbeitet werden.

5.5.5 Ein ergänzendes Verhältnis aufbauen: Entwicklung der Rolle von Freiwilligen im Pflegemix

An dieser Fallen-Problematik wird deutlich, wie vielfältig die Herausforderungen an ein funktionierendes Kooperationsverhältnis zwischen Hauptamtlichen und Freiwilligen ist. Dieses Verhältnis muss verhandelt und gemeinsam entwickelt werden. Das wiederum bietet die enorme Chance, die persönlichen Komponenten der Freiwilligen einzubeziehen und gerade im kommunikativen Einsatz mit den Pflegebedürftigen zu fördern. Wieder einmal liegt es beim Freiwilligenmanagement, dieses Passungsverhältnis zu erkunden und beratend zu entfalten. Gerade in diesen Pflege begleitenden Aufgaben, wo es auf den einzelnen Menschen, haupt- oder ehrenamtlich, ankommt, ist sehr viel zwischenmenschliche Sensibilität und Wachheit für Grenzen und Chancen der Zusammenarbeit gefragt.

Die Funktionen der Freiwilligen haben sich dabei noch ausdifferenziert: Sie verbinden Menschen in Pflegeeinrichtungen nach „draußen, wo das Leben spielt", sie sind Freund und Sparringspartner für Wünsche, Ideen, Sorgen, Konflikte und Nöte. Sie begleiten als Mobilitätshelfer zu Spaziergängen, ins Kino oder zum Einkauf. Sie können die Funktion des verlängerten Arms, des Auges, des Ohrs oder der Beine für die betreute Person übernehmen. Sie teilen ein wenig den Alltag der Institution mit ihren Wirkungen auf die menschliche Psyche.

5 CCM auf der Organisationsebene 111

Seit 2005 wurden auch im ambulanten Bereich der Pflege neue Funktionen für Freiwillige definiert: „Alltagsbegleiter" und „Pflegebegleiter" sind neue Titel für bereits bekannte und anerkannt wichtige freiwillige Aufgaben. Sie werden im Rahmen der gesetzlichen Erweiterung von Pflege für die Zukunft ein immer differenzierteres Aufgabenfeld für tendenziell mehr Freiwillige entwickeln.

5.5.6 Wie finde ich die geeigneten Freiwilligen?

Freiwilligenagenturen sind seit rund zwanzig Jahren die Knotenpunkte in der manchmal etwas unübersichtlichen Engagementlandschaft. Menschen, die sich freiwillig engagieren wollen, erhalten hier Informationen, Übersicht und Beratung zu einem Engagement ihrer Wahl. Einrichtungen erhalten in Freiwilligenagenturen eine Fachberatung, wie sie sich optimal auf die Zusammenarbeit mit Freiwilligen vorbereiten können, den Freiwilligenbereich optimal einbinden und attraktiv gestalten. So können beide Seiten von einer Freiwilligenagentur profitieren.

Das Grundprinzip ist die Kundenorientierung, sowohl was die Wünsche oder Ideen als auch Abneigungen bei Freiwilligen angeht. Diese gemeinsam im Gespräch und mit praktischen Beispielen auszuloten, macht bereits den ersten Schritt zu einem selbstbestimmten Engagiert Sein aus. Und auch für die Einrichtungen liegt ein großer Unterschied darin, was einerseits die optimalen Aufgaben oder Projekte für Freiwillige sein könnten und andererseits, welche Rahmenbedingungen sie dafür schaffen sollten. In Deutschland gibt es derzeit rund 350 Freiwilligenagenturen unterschiedlicher Größe und Profilbildung.

online www.bagfa.de
Die Webseite der Bundesarbeitsgemeinschaft der Freiwilligenagenturen

6 Netzwerke im Care und Case Management

6.1 Grundlagen

Am Beispiel des oben beschriebenen Konzepts der Koordinierungsstellen „Rund ums Alter" [→Kap. 5.2.2] wurde schon deutlich, dass für eine optimale Fallbetreuung und -steuerung die Zusammenarbeit mit unterschiedlichen externen, eigenständigen Unternehmen von großer Bedeutung ist. Über die Zusammenarbeit mit Ärzten, Pflegediensten und Pflegekassen hinaus arbeiten die Case Manager z.b. mit Wohnungsbaugesellschaften und Handwerkern zusammen. Eine wirkungsvolle Fallarbeit setzt also eine fallübergreifende Versorgungsgestaltung, eine Optimierung von Versorgungsstrukturen und -prozessen voraus.

Insbesondere da sich die Versorgungsangebote weiter spezialisieren und immer vielfältiger werden, sind koordinierende Tätigkeiten bzw. Einrichtungen, die eine Versorgungskoordination übernehmen, erforderlich. Zudem werden bestimmte medizinische oder pflegerische Dienstleistungen etwa in ländlichen Regionen knapper, sodass nicht nur die Koordination von verschiedenen Dienstleistungen, sondern auch die Sicherstellung des Zugangs zu Leistungen zunehmend wichtiger wird.

Vernetzungsansätze innerhalb einer sozialen Gemeinwesenarbeit können durch gemeindenahe Pflegekonzepte ergänzt werden. In diesem Zusammenhang gewinnt auch die Netzwerkförderung an Bedeutung. Hierunter werden Aktivitäten verstanden, die zur Erhaltung und Weiterentwicklung vorhandener Netzwerke sowie zur Anregung neuer aufgabenbezogener, gesundheitsrelevanter Strukturen beitragen. Weiterhin zählen dazu auch Aktivitäten wie die Entlastung, Pflege, Aktivierung und Qualifizierung persönlicher Netzwerke. Aus der Sozialen Arbeit können Erfahrungen und Methoden wie Sozialraumanalyse oder soziale Gruppenarbeit eingebracht werden.

6 Netzwerke

Im Hinblick auf eine umfassende Gesundheitsförderung, die sich sowohl auf Veränderungen des Patientenverhaltens wie regelmäßige Einnahme von Medikamenten, Alkohol- und Nikotinvermeidung als auch auf Veränderungen der Lebensverhältnisse bezieht, erscheint eine Verbindung von Konzepten und Methoden der Pflege in diesem Bereich sehr sinnvoll.

6.1.1 Begriffsbestimmungen

Die Begriffe Netzwerk oder Vernetzung werden im heutigen Sprachgebrauch häufig verwendet. Nicht nur im Arbeitsleben haben sie Bedeutung, sondern auch im privaten Bereich sind Aufbau und Pflege von sozialen Kontakten selbstverständlich. Moderne internetgestützte Plattformen helfen, Kontakt zu Menschen mit ähnlichen Interessen aufzunehmen und Kontakte zu halten. Hier werden Netzwerke aufgebaut, also Verbindungen zwischen einzelnen Personen hergestellt.

Ebenso werden im wirtschaftlichen oder wissenschaftlichen Bereich Unternehmensnetzwerke zur Produktion oder zum Austausch von Informationen gebildet. Von Netzwerken spricht man, wenn mehrere Personen oder Organisationen, die eigentlich voneinander unabhängig sind, sich verbinden. Ein Netzwerk besteht aus Verbindungen bzw. Beziehungen und Knotenpunkten (Personen oder Organisationen). Die Knotenpunkte (in der Fachsprache als Hubs bezeichnet) sind insbesondere interessant, wenn eine Person oder Organisation sehr viele Kontakte hat. Denn über diese Knotenpunkte können beispielsweise sehr schnell an viele andere Personen Informationen weitergeleitet werden. Durch ein Zusammenwirken der Personen oder Organisationen ist ein gemeinsames Handeln möglich, das die Erledigung von bestimmten Aufgaben vereinfacht. Beispielsweise lässt sich der private Umzug in eine neue Wohnung kostengünstig planen, indem das Netzwerk Freundeskreis aktiviert wird.

Vernetzung besteht aus zwei Elementen, nämlich der Kooperation und der Koordination. **Kooperation** bedeutet die Zusammenarbeit verschiedener Partner, von denen jeder einen bestimmten Aufgabenbereich übernimmt. Bezogen auf den Umzug heißt das, einige Freunde helfen beim Einpacken der Umzugskisten und andere befördern die Kisten in die neue Wohnung. **Koordination** bedeutet eine zielorientierte, gegenseitige Abstimmung und Steuerung von verschiedenen Funktionen und Vorgängen. Im Beispiel des Umzugs wird derjenige, der umzieht, vorher mit den Freunden absprechen, wer zuerst die Kisten packt, wie sie transportiert werden und wo sie in der neuen Wohnung abgestellt werden.

Vernetzung bedeutet, dass verschiedene Akteure kooperieren, also zusammenarbeiten und Funktionen, Aufgaben und Vorgänge der Zusammenarbeit abgestimmt, also koordiniert sind. Besteht eine ständige Kooperation und Koordination von Aufgaben, dann kann von Vernetzung gesprochen werden. Von einem funktionierenden Netzwerk kann dann nach Aristoteles gesagt werden „das Ganze ist mehr als die Summe seiner Teile". Solche Netzwerke können verschiedene neue Aufgaben oder Funktionen haben, wie beispielsweise den Austausch von Informationen, Material, Dienstleistungen oder die Erstellung eines neuen Produktes.

Bezogen auf Case Management heißt dies:

„Der einzelne Professionelle verknüpft sein Handeln mit dem Agieren anderer Fachkräfte und Dienststellen, und er bringt seine Klienten mit verschiedenen formellen und informellen Ressourcen zusammen."

(Wendt 2008: 155)

Neben der Zusammenarbeit mit professionellen Helfern (interorganisationale Netzwerke) spielen im Case Management soziale Netzwerke wie familiäre, freundschaftliche und nachbarschaftliche Beziehungen eine wichtige Rolle. Im Sinne der →Lebensweltorientierung gilt es zu berücksichtigen, welche Menschen im Leben der Patienten wichtig sind und wie solche sozialen Beziehungen in die Versorgung mit einbezogen werden können.

6 Netzwerke

Bezogen auf die Patientenversorgung nehmen Case Manager eine Steuerungsfunktion ein. Sie vernetzen Klientensysteme mit den Akteuren des Versorgungssystems und lotsen die Patienten durch das Versorgungsgeschehen mit dem Ziel, ein integriertes Hilfesystem zu schaffen. Hierzu gehören die Gestaltung von Versorgungsstrukturen im Rahmen der Systemarbeit sowie die individuelle Betreuung von Klienten nach dem CM-Regelkreis [→Kap. 3]. Wie in der Abbildung dargestellt, werden professionelle Dienstleister im Gesundheitswesen mit informellen oder sozialen Netzwerken verknüpft. Letztere wie primäre (Familie, Verwandtschaft) und sekundäre (Freunde, Kollegen) Netzwerke werden durch tertiäre Netzwerke oder formelle Netzwerke ergänzt. Case Manager verbinden in solchen Netzwerken Ressourcen der Klienten und mit den Ressourcen des Versorgungssystems. Durch diese Verknüpfung [→Kap. 3.4] können Hilfemaßnahmen personen- und situationsbezogen angepasst werden und eine Über- oder Fehlversorgung wird vermieden.

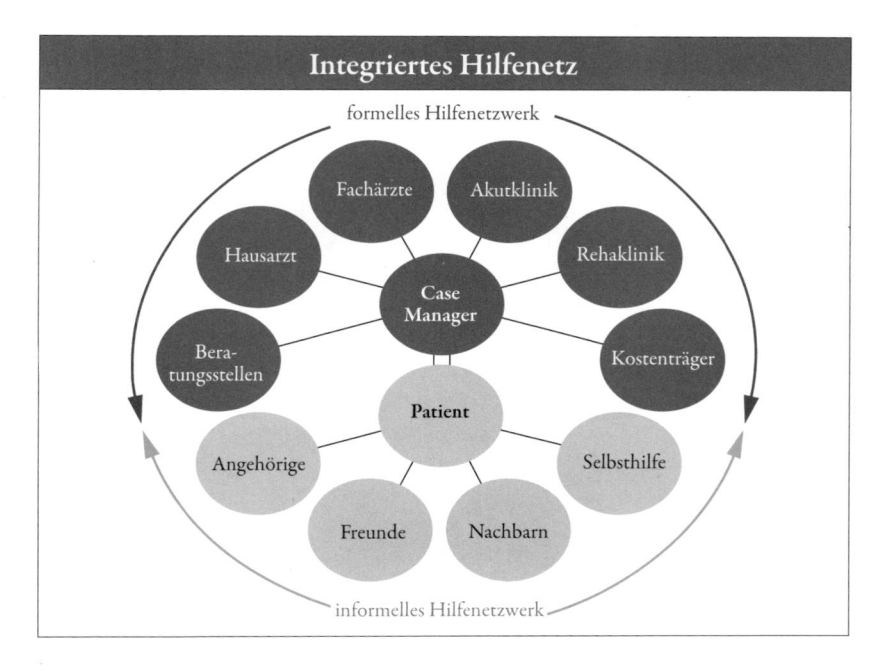

6.1.2 Merkmale von Netzwerken

Die Gestaltung von Netzwerken ist sehr unterschiedlich: Es gibt beispielsweise Interessengruppen, die sich in mehr oder weniger regelmäßigen Abständen treffen, Erfahrungen austauschen und sich als Netzwerk begreifen. Ein Netzwerk kann auch mit dem Ziel gegründet werden, eine Aktion im Stadtteil zu planen und durchzuführen. Oder es gibt Netzwerke, in denen sich mehrere Unternehmen zusammenschließen, die an der Versorgung von älteren hilfebedürftigen Menschen beteiligt sind (wie Pflegedienste, Therapeuten Apotheke usw.), und die das Netzwerk „Ambulante Versorgung in Musterstadt" gründen.

Für den Umgang mit Netzwerken ist es daher zunächst wichtig zu erfahren, um was für ein Netzwerk es sich handelt: um ein lockeres Zusammentreffen oder um eine verbindliche Zusammenarbeit von Personen oder Organisationen. Um so eine Einschätzung vornehmen zu können, werden Kriterien zur Beschreibung erforderlich.

6 Netzwerke

Formelle Netzwerke von Klienten weisen, ebenso wie die informellen Netzwerke, neben strukturellen auch interaktive Merkmale auf. Die Netzwerkgröße oder der Grad der Zusammenarbeit stellen wichtige Rahmenbedingungen für die Umsetzung von Case Management auf der Systemebene [→Kap. 2.2] dar.

Grundsätzlich lassen sich Netzwerke nach folgenden Kriterien unterscheiden:
- **Intensität**: lockere Zusammenarbeit ohne schriftliche Vereinbarungen bis hin zu streng formalisierten Netzwerken mit umfassenden Geschäftsordnungen
- **Vernetzungsraum**: geografische Ausdehnung des Netzwerkes, z.b. Stadtteil, Stadt, Region, Bundesland
- **Vernetzungsumfang**: Begrenzung auf ein spezielles Thema oder grundsätzliche Zusammenarbeit
- **Vernetzungspartner**: bezogen auf Größe bzw. Einfluss der beteiligten Akteure
- **Dichte der Netzwerkverbindungen**: Wechselseitigkeit der Beziehungen der Netzwerkpartner untereinander
- **Vernetzungsrichtung**: im Hinblick auf die Themenfelder und Aufgaben der beteiligten Akteure: Es können Anbieter mit gleichen Aufgaben wie beispielsweise Ärztenetze oder Anbieter mit unterschiedlichen Aufgaben wie Pflegedienste und Ärzte zusammenarbeiten.

6.1.3 Netzwerk-Typen im Care und Case Management

Mit dem Ziel, die Arbeit auf der Systemebene [→Kap. 2.2] besser unterscheiden zu können, hat Löcherbach (2008) folgende Netzwerktypen im Care und Case Management beschrieben:

Netzwerk-Typen	Kennzeichen und Beispiele
Fallbezogene Netzwerke	Planung und Abstimmung von passgenauen Hilfen in fallbezogenen Hilfekonferenzen
Organisationsbezogene Netzwerke	Schnittstellenmanagement zwischen Abteilungen im Krankenhaus
Nationale und internationale externe Netzwerke	Patientengruppenbezogene Kooperation verschiedener Akteure in einer Region oder überregionale Expertennetzwerke wie das Deutsche Netzwerk für Qualitätsentwicklung in der Pflege (DNQP)

Beim ersten Typ, den **fallbezogenen Netzwerken**, geht es um die Zusammenarbeit der Helfer, die an einem Fall beteiligt sind. Im Beispiel von Herrn Günes [→Teil B] wären dies z.B. die multiprofessionellen Fallbesprechungen im Akutkrankenhaus, in denen die Situation und die Rehabilitationspotenziale von Herrn Günes zwischen Ärzten, Pflegepersonal, Therapeuten und der Sozialarbeiterin besprochen wurden.

Von dem zweiten Netzwerk-Typ, einer **fallübergreifenden organisationsbezogenen Vernetzung**, kann gesprochen werden, wenn Mitarbeiter eines Krankenhauses Versorgungspfade für die Behandlung und Begleitung von Schlaganfallpatienten oder anderen Patientengruppen im Krankenhaus erarbeiten. Diese fallübergreifenden Strategien sollen die Prozessgestaltung in einer Organisation verbessern.

6 Netzwerke

Bei dem dritten Netzwerktyp, den **externen Netzwerken** steht sowohl eine fall- als auch eine organisationsübergreifende Vernetzung im Vordergrund. Für einen Pflegestützpunkt in einem Stadtteil ist beispielsweise die fallübergreifende Zusammenarbeit mit interkulturellen Pflegediensten, Beratungsstellen und Selbsthilfeorganisationen interessant.

Über die Vernetzung mit externen Anbietern hinaus ist eine trägerübergreifende, versorgungsbezogene sowie eine nationale bzw. transnationale Vernetzung von Bedeutung. Durch die Zusammenarbeit in Expertenverbünden werden Leitlinien und Empfehlungen wie die Expertenstandards des Deutschen Netzwerks für Qualitätsentwicklung in der Pflege erarbeitet. Solche Leitlinien bieten wichtige Handlungshinweise für die Arbeit in der Praxis. Expertenstandards bestehen beispielsweise zum Entlassungsmanagement oder zum Schmerzmanagement in der Pflege.

www.dnqp.de
Auf der Webseite des Deutschen Netzwerks für Qualitätsentwicklung finden sich die bisher existierenden Expertenstandards.

Soll im Sinne des Case Management etwa für Herzinfarkt-Patienten eine Versorgungskoordination umgesetzt werden, wird ein Netzwerk benötigt, das Case Manager zu einer Steuerungsfunktion legitimiert. Erhält eine Einrichtung oder einzelne Case Manager nicht die Zustimmung der anderen an der Versorgung beteiligten Dienste, ist eine steuernde Fallführung schwer zu realisieren. Teilweise liegen gesetzliche Rahmenbedingungen wie in Ansätzen der §11 Abs. 4 SGB V oder finanzielle Anreize durch die Bereitstellung von →Budgets vor, die die Übernahme von Steuerungsfunktionen begünstigen.

6.1.4 Anforderungen an Care und Case Management-Netzwerke

Möchten Case Manager in einer Region für einen bestimmten Versorgungsbereich zielgruppenbezogene Kooperationsbeziehungen aufbauen, um die Versorgungsqualität zu verbessern, sollten bestimmte Anforderungen erfüllt werden. Insbesondere die Realisierung einer Adressatenorientierung hat im Care und Case Management eine hohe Relevanz. Adressatenorientiert bedeutet, dass die Interessen und Bedürfnisse der Patienten vor den Interessen der Organisationen stehen. Aber auch bei einer koordinierenden Funktion innerhalb eines Versorgungsbereichs sind Absprachen darüber zu treffen, wie eine fallbezogene Zuständigkeit über einen gesamten Versorgungsverlauf zu organisieren ist.

Folgende Punkte nach Mennemann (2006) nennen Kriterien, die für Case Management-Netzwerke von Bedeutung sind:
- Alle Akteure arbeiten zusammen und verstehen sich als ein Teil des Netzwerkes.
- Die einzelnen Leistungen und Aufgaben der Netzwerkpartner sind allen bekannt.
- Die Zusammenarbeit zwischen den einzelnen Beteiligten ist vertraglich geregelt.
- Die Netzwerkpartner haben ein gemeinsames Ziel formuliert, das von allen akzeptiert wird.
- Die Leitbilder der Netzwerkpartner-Einrichtungen stimmen in den zentralen Aussagen überein.
- Die Arbeitsinstrumente etwa zur Falleinschätzung oder zur Überleitung sind standardisiert und werden von allen Kooperationspartnern eingesetzt.
- Schnittstellen sind bekannt und Maßnahmen zur Überwindung der Schnittstellen werden umgesetzt.
- Der Zugang zu Daten ist für alle Beteiligten unter Berücksichtigung datenschutzrechtlicher Bestimmungen geregelt.
- Case Manager können die Interessen der Patienten berücksichtigen und verschiedene Dienstleistungsangebote entlang der Versorgungskette vermitteln.

Durch die aufgeführten Punkte wird deutlich, dass die Umsetzung von Case Management einen hohen Anspruch verfolgt und in der Regel umfassende Veränderungen in den herkömmlichen Versorgungsstrukturen erforderlich macht. Nochmals ist zu betonen, dass für Case Management-Netzwerke eine hohe Standardisierung sowie eine Adressatenorientierung wichtig sind. Hierfür müssen die einzelnen Akteure Ressourcen wie Personal und finanzielle Mittel einsetzen. Zudem gilt es zu bedenken, dass trotz vieler Vorteile, die eine solche Netzwerkorganisation bietet, auch Hürden für eine Vernetzung bestehen und ein solches Vorhaben auch scheitern kann.

6.2 Aufbau von Kooperationsbeziehungen im Rahmen von Care und Case Management

Die Gestaltung von vernetzten Strukturen und integrierenden Versorgungsformen erfordert auf der Makroebene [→Kap. 2.2] entsprechende Rahmenbedingungen wie rechtliche Grundlagen. Auf der Mesoebene [→Kap. 2.2], also innerhalb der Einrichtungen, benötigen Mitarbeiter beispielsweise erweiterte Entscheidungskompetenzen, um ein internes Schnittstellenmanagement [→Kap. 4.2] zu ermöglichen.

Bei der Umsetzung eines umfassenden CM-Konzeptes kommt den beiden Komponenten Koordination und Kooperation [→Kap. 6.1.1] eine wichtige Rolle zu. Einerseits gilt es, eine fallübergreifende Zusammenarbeit zu fördern und zum anderen die Abstimmung und Steuerung von Prozessen in einem solchen Versorgungssystem sicherzustellen. Hierbei wird die Entwicklung von Kooperationsbeziehungen von unterschiedlichen Bedingungen beeinflusst. Grundsätzlich sind Vernetzungsaktivitäten von Anreizen zur Zusammenarbeit abhängig. Mitarbeiter aus unterschiedlichen Einrichtungen kennen sich durch die fallbezogene Arbeit und besprechen, wie eine sinnvolle Arbeitsaufteilung gestaltet werden könnte, beispielsweise wie die häusliche Versorgung von Patienten, die beatmet werden müssen, aus dem Krankenhaus heraus organisiert werden kann.

Hierbei handelt es sich um Einzelfälle, in denen gemeinsam individuelle Lösungen gefunden werden. Treten bei vielen Patienten ähnliche Versorgungsbedarfe auf, könnte es für ein bestimmtes Krankenhaus interessant sein, für solche Versorgungssituationen Kooperationsvereinbarungen mit Pflegediensten zu vereinbaren. Durch verbindliche Regelungen, wie z.b. Beatmungspatienten nach einem Krankenhausaufenthalt versorgt werden, kann die Qualität der Hilfen verbessert werden.

Kooperationsbeziehungen sind jedoch nicht immer selbstverständlich. Häufig findet eine Zusammenarbeit zwischen den einzelnen Akteuren nur begrenzt statt, da kaum Anreize zur Zusammenarbeit, wie finanzielle Vorteile, Sicherung oder Gewinnung von Klienten, bestehen.

Sollen Kooperationsbeziehungen zwischen verschieden Akteuren aufgebaut werden, sind folgende fördernde Faktoren bzw. Fragestellungen für die Umsetzung zu beachten:
- Bestandsaufnahme der eigenen Einrichtung durchführen (welche Defizite besten, welche Dienstleistungsangebote gibt es? Wie sieht das Schnittstellenmanagement innerhalb der Organisation und nach außen aus?)
- Welche gemeinsamen Themen und Inhalte für eine Zusammenarbeit bestehen?
- Welche Einrichtungen sind an einer Zusammenarbeit interessiert? Welche Partner gibt es?
- Welche möglichen Netzwerkpartner müssen noch gewonnen werden?
- Profitieren alle Beteiligten von der Zusammenarbeit?
- Werden realistische Kooperationsziele festlegt?
- Erfolgt ein regelmäßiger Informationsaustausch und ist die Kommunikation für alle Beteiligten transparent?
- Ist die Finanzierung des Netzwerkmanagements geklärt?

Neben fördernden Faktoren gibt es auch viele „Stolpersteine", die eine Umsetzung von Case Management erschweren. Daher gilt es, folgende Hemmnisse für Kooperationsbeziehungen zu meiden:
- Unter den Beteiligten besteht Konkurrenz.
- Mitarbeiter in den Einrichtungen halten an alten Alltagsroutinen fest (z.b. verwenden alte Formulare).
- Zwischen den beteiligten Berufsgruppen werden verschiedene (Fach-)Sprachen gesprochen, sodass ein Verstehen schwierig ist.
- Es bestehen Wissens- und Kommunikationsdefizite, beispielweise Protokolle werden nicht an alle Beteiligte weitergeleitet.
- Die Aufgabenbereiche der einzelnen Kooperationspartner sind nur unzureichend abgegrenzt, Aufgabenbereiche überschneiden sich.
- Datenschutzrechtliche Bestimmungen behindern einen patientenbezogenen Informationsaustausch.

6.3 Phasen des Netzwerkaufbaus

Für einen erfolgreichen Aufbau von regionalen Netzwerken ist ein gezieltes und planvolles Vorgehen erforderlich. In der Regel benötigt ein solcher Netzwerkaufbau viel Zeit und eine beständige Mitwirkung der Mitarbeiter der Kooperationspartner. Der Aufbau von Netzwerken durchläuft in der Regel verschiedene Phasen, wobei diese nicht immer gleich intensiv erlebt werden. Eine grobe Einteilung kann nach Teller und Longmuß (2007) in drei Phasen vorgenommen werden: die Startphase, in der das Vorhaben ins Rollen gebracht wird und erste Treffen mit interessierten Netzwerkpartnern stattfinden. Dieser Phase folgt ein Stabilisierungsprozess, dem sich als dritte Phase die Verstetigung des Netzwerkers anschließt.

Nachfolgend soll modellhaft der Netzwerkaufbau anhand der Phasen in Anlehnung an Teller und Longmuß (2007) sowie Mennemann (2006) beschrieben werden:
- Vorabklärung und Einschätzung der Ausgangs-Situation
- Festlegung der Netzwerkziele und Bestimmung von Maßnahmen
- Umsetzung in die Praxis, Netzwerkpflege und -evaluation

Phase 1
Vorabklärung und Einschätzung der Ausgangs-Situation

In der ersten Phase erfolgt die Prüfung, ob ein Aufbau von Kooperationsbeziehungen überhaupt erforderlich und möglich ist. Hierfür werden unter anderen folgende Fragen berücksichtigt:
- Liegen organisationsinterne Voraussetzungen wie Bereitschaft der Geschäftsführung vor?
- Sind mehrere Anbieter in einer Region bereit zusammenzuarbeiten?
- Ist eine adressatenorientierte Ausrichtung des Case Management für alle beteiligten Einrichtungen möglich?
- Sind Voraussetzungen wie personelle oder finanzielle Ressourcen gegeben?

Vor Beginn der Kooperationsarbeit ist es erforderlich, intern zu klären, wie die Strukturen der Einrichtung gestaltet sind bzw. welche Entscheidungsebenen in die Netzwerkarbeit involviert werden müssen. Erst wenn eine organisationsinterne Klärung erfolgt ist, sollte mit dem Aufbau externer Kooperationsbeziehungen begonnen werden. Die Grenze zwischen der Vorabklärung und der Einschätzung der aktuellen Ausgangssituation ist fließend.

Zur Einschätzung der gegenwärtigen Versorgungssituation werden Informationen über Versorgungsangebote und -strukturen benötigt. Zielgruppenbezogene Informationen über die Versorgungslandschaft können mit Hilfe der „Checkliste regionales Hilfesystem" erfasst werden. Dieses Instrument lässt sich bei der Fallarbeit z.B. für eine bestimmte Patientengruppe einsetzen. Nach der Auswertung können fallübergreifende Schlussfolgerungen für die Versorgungsstrukturen gezogen werden.

6 Netzwerke

Checkliste regionales Hilfesystem		Name des Klienten:					
Angaben zum Angebot - bezogen auf den Klienten	Hilfen zur...	Hilfen zur...	Hilfen zur...	Hilfen zur...	Hilfen zur...	Hilfen zur...	Hilfen zur...
entfällt, Angebot ist nicht erforderlich	☐	☐	☐	☐	☐	☐	☐
Bedarf vorhanden und Angebot angemessen und zugänglich	☐	☐	☐	☐	☐	☐	☐
Bedarf vorhanden, aber Angebot nicht zugänglich wegen:							
zu langer Wartezeit	☐	☐	☐	☐	☐	☐	☐
zu großer Entfernung	☐	☐	☐	☐	☐	☐	☐
fehlender sozialrechtlicher Ansprüche	☐	☐	☐	☐	☐	☐	☐
Bedarf vorhanden, aber Angebot nicht adäquat/passend wegen:							
Mangelnder Kompetenz im Umgang mit Zielgruppe	☐	☐	☐	☐	☐	☐	☐
Nicht vorhandener Konzeption	☐	☐	☐	☐	☐	☐	☐
Keiner Kooperation	☐	☐	☐	☐	☐	☐	☐
Bedarf vorhanden, aber Angebot in der Region nicht vorhanden	☐	☐	☐	☐	☐	☐	☐
Bedarf vorhanden, aber Angebot nicht bekannt bzw. beurteilbar	☐	☐	☐	☐	☐	☐	☐

Arbeitsblatt: Checkliste regionales Hilfesystem ©Frank Schuster

Bezogen auf eine Patientengruppe (z.B. Schlaganfallpatienten) werden verschiedene Maßnahmen wie Hilfen zur Pflege, Hilfen zur Wohnraumanpassung, Hilfen zur Mobilisierung usw. in die obere Zeile der Checkliste geschrieben. Anschließend werden für einen Klienten die Bedarfe eingeschätzt. Benötigt der Klient eine Hilfemaßnahme nicht, dann wird die Zeile „entfällt, Angebot ist nicht erforderlich" angekreuzt.

Ergibt die Auswertung, dass in einer Region Versorgungsangebote nicht angemessen genutzt werden können oder sogar fehlen, sollten die Versorgungsstrukturen beispielsweise durch Vernetzungsaktivitäten verändert werden.

Im Rahmen einer Netzwerkanalyse [→Kap. 3.2.1] wird ermittelt, welche Kooperationspartner bereits vorhanden sind. Die Akteure, mit denen eine Zusammenarbeit besteht, werden strukturiert in unterschiedliche Versorgungsbereiche (Behörden, ambulante Anbieter usw.) in der Karte erfasst. Des Weiteren wird überprüft, in welcher Häufigkeit und Verbindlichkeit Kontakte zu den Diensten bestehen. Die bestehenden Kontakte können unterschiedlichster Art sein, beispielsweise mündlich oder standardisiert in Form von schriftlichen Verträgen.

In einer Netzwerkkarte [→Kap. 3.4.3] wird die Intensität der Zusammenarbeit durch gestrichelte (lose Zusammenarbeit), durchgezogene (gute Zusammenarbeit) oder doppelte Linien (enge Zusammenarbeit) kenntlich gemacht. Mit Hilfe der „Checkliste regionales Hilfesystem" und einer Netzwerkanalyse können die Zusammenarbeit mit anderen Diensten sowie fehlende Netzwerkpartner identifiziert werden.

Neben der Einschätzung der Kooperationsbeziehungen ist es erforderlich, die Motivation der Akteure für eine Netzwerkarbeit zu erfassen. In dieser konstituierenden Phase ist es wichtig, dass gemeinsame Ziele für die Zusammenarbeit gefunden werden, denn hierdurch wird die Motivation, aktiv die Vernetzungsprozesse zu gestalten, erhöht.

Nicht nur die Case Manager, sondern alle Mitarbeiter der beteiligten Einrichtungen benötigen Information über die anstehende Netzwerkarbeit, denn alle Personen, die am Prozess mitwirken, sollen verstehen, dass sich jeder Dienst als ein Baustein eines neuen Bauwerkes sieht.

Phase 2
Festlegung der Netzwerkziele und Bestimmung von Maßnahmen

Nachdem in den ersten Netzwerktreffen die inhaltlichen Aspekte erarbeitet wurden, ist es noch erforderlich, organisatorische Fragen zu klären. Für eine weitere Zusammenarbeit braucht es eine zuständige Einrichtung oder Mitarbeiter, die die organisatorischen Angelegenheiten übernehmen. Hier ist dann das Netzwerkmanagement verortet. Zu den Aufgaben des Netzwerkmanagements gehört es beispielsweise,
- Netzwerktreffen zu protokollieren und die Protokolle von Sitzungen an alle Netzwerkpartner zu verschicken,
- für die Kommunikation innerhalb des Netzwerkes zuständig zu sein,
- alle Partner zu regelmäßigen Netzwerktreffen einzuladen und
- Kontaktperson für Anfragen an das Netzwerk zu sein.

Eine solche Netzwerkzentrale kann das Netzwerkmanagement beispielsweise in einem angemieteten Büro oder in den Räumen einer Einrichtung übernehmen.

Hat sich ein Netzwerk konstituiert und eine inhaltliche Basis für die Zusammenarbeit gefunden, können erste gemeinsame „Produkte" erarbeitet werden. Beispielsweise kann ein Netzwerk-Flyer Patienten und andere Einrichtungen über die Ziele und Angebote des Netzwerkes informieren. Für die Entwicklung eines fallübergreifenden Case Management ist eine fachübergreifende Entwicklung von Arbeitsinstrumenten wie Überleitungsbögen hilfreich.

Die Erledigung von bestimmten Aufgabenstellungen kann innerhalb des Netzwerkes von Arbeitsgruppen übernommen werden, etwa die Entwicklung von Arbeitsinstrumenten. Die Netzwerkzentrale übernimmt hierbei die Koordination einzelner Arbeitsgruppen, klärt Zuständigkeiten und stellt sicher, dass die Kommunikation im Netzwerk, also zwischen den Arbeitsgruppen, sichergestellt ist.

Hinsichtlich der Umsetzung einer ressourcenorientierten Fallarbeit im Netzwerk ist es erforderlich, dem Case Manager im lokalen Versorgungsgefüge die Befugnis für eine Fallkoordination zu erteilen. Mit anderen Worten: Die Case Manager im Netzwerk haben die Befugnis, Mitarbeiter und Maßnahmen des Netzwerkes zur Fallbearbeitung heranzuziehen und die Aufgabenverteilung fallverantwortlich zu steuern. Eine solche idealtypische Umsetzung von Case Management auf der Fall- und Systemebene [→Kap. 2] setzt insbesondere die (fachliche) Akzeptanz des Case Managers bzw. seiner Einrichtung voraus.

Phase 3
Umsetzung in die Praxis, Netzwerkpflege und -evaluation

Wenn die erforderlichen Arbeitsinstrumente für die Fallarbeit entwickelt, Zuständigkeiten und Kommunikationswege geklärt sind, kann die adressatenorientierte Arbeit im Netzwerk beginnen. Im Verlauf der Fallbearbeitung zeigen sich in der Regel Probleme, beispielsweise im Schnittstellenmanagement. Die auftretenden Stolpersteine [→Kap. 6.2] werden im Netzwerkplenum (Treffen aller Netzwerkpartner) besprochen und Lösungsstrategien erarbeitet.

Im Umsetzungsverlauf kann sich zudem herausstellen, dass noch Netzwerkpartner fehlen und dementsprechend Einrichtungen für die Zusammenarbeit gewonnen werden müssen. Ein Netzwerk ist als ein dynamisches Gebilde zu verstehen, das sich immer in Veränderungsprozessen befindet. Eine Pflege des Netzwerkes, also regelmäßige formelle aber auch informelle Treffen sowie ein kontinuierlicher Informationsaustausch, sind dafür unerlässlich.

Obwohl sich Netzwerke permanent verändern und weiterentwickeln, ist eine Evaluation des Netzwerkes wichtig. Hierbei handelt es sich nicht um eine abschließende Evaluation, wie sie im Rahmen der Fallarbeit durchgeführt wird [→Kap. 3.5]. Stattdessen ist eine begleitende Überprüfung bestimmter Merkmale zur Verbesserung der Netzwerkarbeit das Ziel.

6 Netzwerke

Leitende Fragestellungen für eine Evaluation lauten:
- Was soll mit dem Netzwerk erreichen werden?
- Welche Ziele sind den Netzwerkpartnern wichtig?
- Wie kann der Erfolg des Netzwerkes gemessen werden?

Die Zeitpunkte bzw. die Zeitrahmen, in denen evaluiert wird, sind unterschiedlich. Netzwerkevaluationen können regelmäßig, z.b. zwei Mal jährlich, oder sporadisch zur Beantragung neuer Förderungen durchgeführt werden. Gleichermaßen sind die Methoden (Befragung der Netzwerkpartner zum Netzwerkwachstum oder Kontaktpflege) unterschiedlich und hängen von der konkreten Fragestellung bzw. Situation ab.

Flexibilität

Wachstum

Pflege

Evaluation

7 Empfehlungen zur Umsetzung von Care und Case Management-Programmen

Menschen möchten selbstbestimmt leben, auch wenn sie krank, pflegebedürftig oder alt sind. Mit den Begriffen Klient oder Kunde soll diesem Wunsch Ausdruck verliehen werden. Doch wer als Kunde auftritt, der weiß, was er will, kann sich rational entscheiden und hat Ressourcen, um seine Interessen durchzusetzen. Diese Beschreibung trifft oftmals nicht auf Menschen zu, die Hilfe benötigen. Rat- und Hilfesuchende brauchen Menschen, die gut zuhören können, die Situation verstehen, die vorhandenen Hilfsangebote kennen und diese miteinander vernetzen können. In unserem Fall hat Herr Günes [→Teil B] solche Fürsprecher gefunden, die seine Belange verstehen, sein Umfeld kennen und die notwendigen Versorgungen organisiert haben.

Nachdem die mit dem Case Management verbundenen Arbeitsweisen und erforderlichen Rahmenbedingungen beschrieben wurden, sollen nun abschließend einige allgemeine Hinweise zur Umsetzung von Case Management gegeben werden.

Case Management kommt zum Einsatz, um eine bedarfsgerechte, den individuellen Bedürfnissen der Patienten entsprechende Versorgung vorzuhalten. Insbesondere Probleme bei der Koordination von Hilfeleistungen des Gesundheits- und Sozialwesens, denen die verschiedenen Leistungserbringer, Institutionen und Leistungsträger zugeordnet sind, sollen mit Hilfe von Case Management bewältigt werden. Obwohl die Umsetzung von Case Management in den einzelnen Arbeitsfeldern beispielsweise von institutionellen Rahmenbedingungen oder spezifischen Zielgruppen abhängig sind, können generelle Empfehlungen zu Konzeptionen, Struktur und Umsetzung von Case Management formuliert werden.

7 Empfehlungen zur Umsetzung

Eine wirkungsvolle Umsetzung von Case Management wird gefördert durch
- ein dialogisch-kooperatives Vorgehen bei der Implementierung, (d.h. sowohl die Geschäftsführung als auch die Mitarbeiter werden in die Entwicklung und Umsetzung einbezogen),
- eine Abgrenzung von Case Management gegenüber Beratungs- oder anderen Betreuungsangeboten,
- stabile Kooperations- und Vernetzungsstrukturen,
- eine wohnortnahe Ansiedlung des CMP,
- eine übergreifende und neutrale Trägerschaft,
- die Umsetzung des gesamten Case Management-Zyklus und
- eine gesicherte Regelfinanzierung.

Für die Einführung und Umsetzung von Case Management ist es daher nicht nur erforderlich, Mitarbeiter entsprechend über Weiterbildungsangebote zu qualifizieren, sondern auch die Entwicklung von Einrichtungen und Versorgungsstrukturen sind wichtig. Kleve (2009) beschreibt in diesem Zusammenhang drei Dimensionen der Veränderung, die sich gegenseitig bedingen:
- Case Management als Verfahren in Einrichtungen,
- Case Management als Methodenpool und
- Case Management als Haltung.

Case Management als Verfahren bedeutet, dass Case Management-Programme in Organisationen verankert sind. Die Case Management-Funktion ist in die Arbeitsabläufe und Entscheidungsstrukturen eingebunden, sodass die Arbeitsphasen [→Kap. 3] umgesetzt werden können. Case Management als Methodenpool bedeutet, dass eine Vielzahl an unterschiedlichen Methoden und Instrumenten wie Gesprächstechniken oder Netzwerkkarten [→Kap. 3.4.3] zum Einsatz kommen. Case Management als Haltung bedeutet, dass Case Manager immer mit nicht vorhersehbaren Ereignissen rechnen müssen. Trotzdem arbeiten sie zielorientiert [→Kap. 1.4] und ergebnisoffen. Kleve umschreibt diese Haltung als Steuerungsgelassenheit.

Glossar

Arbeitsphasen

Die Arbeit im Case Management richtet sich entlang systematisch aufeinander aufbauende Arbeitsphasen [→Kap. 3] aus. Die Phasen geben der Fallbearbeitung eine Struktur. Dem zirkulären Phasenmodell liegt der Gedanke zugrunde, dass immer wieder eine bereits zurückliegende Phase erneut bearbeitet werden kann. Die fünf zentralen Phasen lauten:

- **Klärungsphase**
  Die inhaltliche Ausrichtung im Bezug auf die Zielgruppe und das Vorgehen in der Fallbearbeitung bzw. in der Vernetzung ist festgelegt. Es existieren festgelegte Kriterien zur Fallauswahl.
- **Falleinschätzung**
  Die Falleinschätzung erfolgt aus unterschiedlichen Perspektiven indem soziale Netzwerkanalysen, Problemanalysen und Ressourcenchecks durchgeführt werden.
- **Zielformulierung und Hilfeplanung**
  Den Bedürfnissen der Patienten entsprechend werden Ziele besprochen. Hierbei werden Global-, Rahmen- und Handlungsziele formuliert. Resultierend aus den Zielen wird der Hilfeplan entwickelt, in dem einzelne Aufgaben festgelegt sind.
- **Umsetzung des Hilfeplans, „Linking" und Überprüfung (Monitoring)** Zur Umsetzung des Hilfeplans werden die erforderlichen unterschiedlichen Hilfen miteinander verknüpft, dokumentiert und der Hilfeprozess überprüft. Abweichungen von der Planung werden analysiert und ggf. der Hilfeplan korrigiert.
- **Evaluation**
  Zur Beendigung des Hilfeprozesses wird der Verlauf unter den Fragestellungen: wie ist der Prozess gelaufen? welche Ergebnisse wurden erreicht? reflektiert.

Glossar

Assessment

Der Begriff Assessment beschreibt einen Prozess, in dem Informationen gesammelt, strukturiert und eingeschätzt werden [→Kap. 3.2]. Dieser Prozess findet in im Kontakt zwischen Case Manager und Klienten statt. Sie tauschen sich aus, welche Daten zu welchem Zweck erhoben werden und von wem die Case Manager – mit Erlaubnis der Klienten – Einkünfte einholen können. Im Rahmen des Case Managements stehen neben einer gemeinsamen Problemanalyse die Bedürfnisse der Patienten im Vordergrund. Es werden also Bedürfnisse der Patienten und Probleme, die bei der Bedürfnisbefriedigung bestehen, erfasst. Darüber hinaus werden Informationen zu Unterstützungsmöglichkeiten der Patienten und ihres sozialen Umfeldes gesammelt.

Die erhobenen Informationen werden durch standardisierte Erhebungsinstrumente wie dem FIM [→Kap. 3.2] oder Netzwerkkarten [→Kap. 3.4.1] strukturiert, sodass eine Einschätzung der Situation, z.B. „materielle Ressourcen und Unterstützungspersonen fehlen", vorgenommen werden kann. Anhand der gemeinsamen Einschätzung der Situation und der Zielformulierung [→Kap. 3.3] der Hilfesuchenden können erforderliche formelle und informelle Hilfemaßnahmen identifiziert werden.

(Klinische) Behandlungspfade

In den USA der 1980er Jahre wurden im Krankenhausbereich von Case Managern sogenannte indikationsspezifische Behandlungspfade eingeführt. Als synonyme Bezeichnungen werden oft Clinical Pathways oder Patientenpfade verwendet. Hierbei handelt es sich um die idealtypische Beschreibung von Wegen, die Patienten mit einer bestimmten Diagnose von der Aufnahme bis zur Entlassung und ggf. Weiterbehandlung durchlaufen. So können die Behandlungspfade das Vorgehen bei häufigen Krankheiten vorgeben. Durch den Einsatz von Behandlungspfaden werden Behandlungsprozesse strukturiert und eine Transparenz des Leistungsgeschehens wird hergestellt.

Mit der Entwicklung und dem Einsatz solcher Instrumente ist oftmals die Erwartung verbunden, die Wirtschaftlichkeit der Krankenversorgung zu verbessern.

An der Entwicklung von Behandlungspfaden sollten mehrere Berufsgruppen beteiligt sein, um die unterschiedlichen Maßnahmen der Behandlung zu berücksichtigen. In den USA werden beispielsweise interdisziplinäre Pfade, sogenannte Care Maps, sowohl im stationären als auch ambulanten Bereich eingesetzt. Aus Sicht von Case Management bieten Behandlungspfade die Möglichkeit, Abweichungen von der Regelversorgung zeitnah festzustellen und somit schnell auf eine veränderte Situation reagieren zu können. In der Regel sind nicht die Patienten, die einen Behandlungspfad ohne Komplikationen durchlaufen, im Fokus des Case Management, sondern die Patienten, die abweichen.

Ursachen für Abweichungen können beispielsweise patientenbedingt (Medikamente wirken nicht oder ein Patient bekommt plötzlich Fieber) oder organisationsbedingt sein, beispielsweise Wartezeiten bei Untersuchungen. Aufgabe von Case Managern ist es, diese Abweichungen zu dokumentieren, zu analysieren und schnellstmöglich zu beheben.

Budget, Persönliches Budget

Budgets sind festgelegte finanzielle Mittel, beispielsweise ein Etat, der für etwas bereitgestellt wurde. Insbesondere in der Arbeit mit Menschen mit Behinderungen, aber auch in der Pflegeversicherung haben sich Budgets bei der Finanzierung von Leistungen im deutschen Sozial- und Gesundheitswesen etabliert. Case Manager können einerseits für Budgets verantwortlich sein oder sie unterstützen Hilfebedürftige dabei, individuelle Leistungen zusammenzustellen. Mit der Einführung von sogenannten Persönlichen Budgets ist der Wunsch verbunden, verschiedene Dienstleistungen flexibel, also den Bedürfnissen und Wünschen der Betroffenen entsprechend einzusetzen.

Glossar

In den letzten Jahren hat sich ein grundlegender Wechsel in der Behindertenpolitik vollzogen: Im Mittelpunkt steht nicht mehr der behinderte Mensch als Fürsorgeobjekt, sondern der Mensch mit Behinderung und seinem individuellen Recht auf Selbstbestimmung und Teilhabe an der Gesellschaft.

Seit dem 1. Januar 2008 haben Menschen mit Behinderung einen Rechtsanspruch auf ein Persönliches Budget. Rechtlich geregelt ist dieser Anspruch durch den §17 Absatz 2 bis 6 des Neunten Sozialgesetzbuches und der Budgetverordnung. Behinderte Menschen können auf Antrag für Maßnahmen ihrer Rehabilitation oder gesellschaftlichen Teilhabe Geldleistungen – in begründeten Fällen auch Gutscheine – erhalten, anstelle von den bisherigen Dienst- und Sachleistungen, also beispielsweise einem Wohnheimplatz oder einem Pflegehilfsmittel.

Budgetnehmer bekommen somit die Möglichkeit, ihren „Einkauf" von notwendigen Leistungen selbst bestimmt, eigenverantwortlich und selbstständig zu organisieren und zu bezahlen. Die Entscheidung, wann, welcher Dienst bzw. welche Person die Leistung erbringt, treffen sie selbst. Maßgeblich für die Budgethöhe ist der individuell festgestellte Hilfebedarf durch den Leistungsträger, also zum Beispiel dem Sozialamt oder der Pflegekasse. Das Persönliche Budget soll die Selbstständigkeit, Selbstbestimmung und gleichberechtigte Teilhabe von Menschen mit Behinderung fördern und unterstützen. Durch das Persönliche Budget werden Menschen mit Behinderung zu Kunden und oder Arbeitgebern.

Sind mehrere Träger am Persönlichen Budget beteiligt, wie beispielsweise das Sozialamt, das Integrationsamt, die Bundesagentur für Arbeit und die Kranken- und Pflegekasse, spricht man von einem trägerübergreifenden Persönlichen Budget. An der Erbringung des Budgets sind also mehrere Träger beteiligt. Die einzelnen Bedarfe, die sich durch die unterschiedlichen Leistungsträger ergeben, werden in einem Bedarfsfeststellungsverfahren als Gesamtbedarf zusammengefasst. Das trägerübergreifende Persönliche Budget wird schließlich als eine Gesamtleistung an den jeweiligen Menschen mit Behinderung ausgezahlt.

Care und Case Management

Care und Case Management verfolgt das Ziel, die Patientenversorgung über Einrichtungs- und Sektorengrenzen hinweg zu koordinieren und arbeitet somit über Sektorengrenzen hinweg. Die Ausrichtung erfolgt an dem Versorgungsbedarf und Bedürfnissen der Patienten. Zugleich werden die Ressourcen des Gesundheitssystems und die Qualität der Versorgung berücksichtigt. Es ist ein Verfahren, das von verschiedenen Berufsgruppen eingesetzt wird. Damit diese Ziele erreicht werden, wirkt Case Management auf verschiedenen Ebenen und in unterschiedlichen Versorgungsbereichen: Beispielsweise werden Hilfen von der Grundversorgung bis hin zur Spezialversorgung, von der Gesundheitsförderung bis hin zur Rehabilitation und Sterbebegleitung durch professionelle oder Laienhilfe organisiert.

Die fallbezogene Arbeit mit Patienten wird als Case Management bezeichnet. Tätigkeiten und Strategien, die auf eine Zusammenarbeit von verschiedenen Akteuren im Gesundheits- und Sozialwesen abzielen oder der Gestaltung von Versorgungsstrukturen dienen (z.B. durch Vernetzung [→Kap. 6]), werden als Care Management bezeichnet. Care und Case Management kommt nicht nur im Gesundheitswesen und in der Sozialen Arbeit zum Einsatz, sondern auch im Bereich der Beschäftigungsförderung. Hier werden mit Hilfe des Verfahrens komplexe Versorgungsbedarfe bearbeitet.

Deutsche Gesellschaft für Care und Case Management DGCC

In Deutschland wurden Anfang 2003 von der Fachgruppe Case Management der Deutschen Gesellschaft für Sozialarbeit (DGS) in Kooperation mit den Berufsverbänden DBSH (Deutscher Berufsverband für soziale Arbeit) und DBfK (Deutscher Berufsverband für Pflegeberufe) Richtlinien für eine Weiterbildung von Case Managern verabschiedet. 2005 gründete diese Fachgruppe die Deutsche Gesellschaft für Care und Case Management (DGCC).

Ziel der DGCC ist die Förderung der Entwicklung der Anwendung von Care und Case Management in verschiedenen Gebieten des Sozialwesens, in der Pflege, im Gesundheitswesen, im Versicherungswesen und der Beschäftigungsförderung.

Insbesondere fördert die DGCC
- die Ausbildung von Case Managern,
- die Zusammenarbeit der Ausbildungsstätten,
- die inhaltliche Weiterentwicklung von Care und Case Management,
- den regelmäßigen, fachspezifischen Erfahrungsaustausch durch Konferenzen, Kongresse und Symposien,
- die Entwicklung und Vertiefung von Evaluation sowie
- die Forschung zu Care und Case Management.

Außerdem werden fachpolitische Interessen dargestellt und diese Interessen nach außen vertreten.

www.dgcc.de

Disease Management

Disease Management-Programme (DMP) sind strukturierte Behandlungsprogramme nach §137 f SGB V. Sie stellen eine krankheitsbezogene und sektorenübergreifende Versorgungsform dar. Sie sollen dazu beitragen, die medizinische Versorgung von chronisch Kranken zu verbessern. Gesetzliche Grundlage der Programme ist das Anfang 2002 in Kraft getretene Gesetz zur Reform des Risikostrukturausgleichs in der gesetzlichen Krankenversicherung. Auf dieser Basis wurden in vielen Bundesländern Verträge zwischen Kassenärztlichen Vereinigungen und Krankenkassen zur Durchführung von DMP mit dem Ziel abgeschlossen, die Struktur der Versorgung chronisch Kranker zu verbessern. Es existieren unter anderem DMPs für Diabetes mellitus Typ I und II, für Brustkrebs und Koronare Herzkrankheiten, Asthma und chronisch obstruktive Atemwegserkrankungen.

In den USA erfolgt die Umsetzung von DMP oftmals in Verbindung mit Case Management-Programmen. Daher sehen einige Autoren Case Management als einen Teil des Disease Management oder umgekehrt Disease Management als einen Teil von Case Management. Ursachen hierfür mögen eine Reihe von Gemeinsamkeiten sein, die die beiden Ansätze kennzeichnen. Wie Case Management richtet sich Disease Management in der Regel an bereits erkrankte Menschen. Gemeinsames Ziel ist die Verbesserung der Gesundheitsversorgung unter optimalem Einsatz der zur Verfügung stehenden Ressourcen und eine ganzheitliche Betrachtung des gesamten Krankheits- und Genesungsverlaufs. Weiterhin spielen Aspekte wie Kontinuität, Koordination, Integration und Qualitätssicherung eine wichtige Rolle.

Im Unterschied zum Case Management stehen jedoch bei DMP Patientengruppen (Patientenkollektive), die von einer bestimmen Krankheit betroffen sind, im Vordergrund. DMPs verfolgen mit einem generalisierenden Ansatz die standardisierte Behandlung eines Krankheitsbildes.

DMPs werden für viele Patienten entwickelt und können daher individuelle Besonderheiten nur sehr begrenzt berücksichtigen. Case Management hingegen orientiert sich an einzelnen Patienten mit komplexen Krankheitsbildern und kann daher stärker auf individuelle Patientenbedürfnisse eingehen.

Entlassungsmanagement

Zur Überwindung der sektoralen Grenzen im Gesundheitswesen werden seit vielen Jahren Konzepte zur Überleitung von Patienten von einem Versorgungsbereich in andere Bereiche entwickelt und praktisch erprobt. Die hierbei gängigsten Begriffe sind Brückenpflege, Übergangspflege, Pflegeüberleitung, Entlassungsplanung und Entlassungsmanagement. Die Gemeinsamkeit dieser Konzepte besteht in der Überleitung der Patienten vom Krankenhaus in die ambulante oder stationäre Weiterversorgung sowie eine stärkere Verzahnung der Sektoren. Die Pflegeüberleitung umfasst die Beratung von Patienten und ihren Angehörigen zu allen Fragen der häuslichen Pflege nach SGB V und SGB XI.

Die Pflegeüberleitung ist ein Teil der individuellen Pflegeprozessplanung. Der Pflegeüberleitungsprozess beginnt im Krankenhaus mit der Aufnahme von Patienten, wird während des Krankenhausaufenthaltes begleitend fortgeführt und endet mit der Entlassung. Die Ausrichtung und Umsetzung von Überleitungskonzepten ist verschieden. Zum einen können **zentral** in einer Einrichtung einzelne Mitarbeiter (Pflegefachkräfte) oder ein Team die entsprechenden Aufgaben übernehmen. Vorteilhaft bei dieser Variante ist, dass Informationen und Kompetenz gebündelt bei einer Person oder einem Team liegen. Gleichwohl birgt die zentrale Pflegeüberleitung einen möglichen Motivationsverlust der anderen Pflegepersonen, wenn sie sich nicht mehr für die Pflegeüberleitung verantwortlich fühlen.

Bei der **dezentralen** Organisation der Pflegeüberleitung wird die Entlassungsplanung von Pflegekräften der Stationen übernommen. Eine zentrale Anlaufstelle gibt es nicht. Mitarbeiter der Pflegeüberleitung kommen entweder aus dem pflegerischen Bereich oder aus dem Bereich des Sozialdienstes.

2002/2003 stellte das Deutsche Netzwerk für Qualität in der Pflege (DNQP) den Expertenstandard „Entlassungsmanagement" zur institutionsübergreifenden gezielten Patientenentlassung vor. Ziel ist es, einen einheitlichen Handlungsrahmen für stationäre Einrichtungen zu schaffen. Patienten, Angehörige und Pflegedienste werden in die Entlassungsplanung eingebunden, um Versorgungseinbrüche bei der Entlassung zu vermeiden. Die Versorgungskontinuität wird durch ein frühzeitiges Assessment und durch Beratungs-, Schulungs- und Koordinationsleistungen gesichert. Eine abschließende Nachfrage (ein sogenanntes *follow-up*) findet bei den entlassenen Patienten 48 Stunden nach der Entlassung zur Evaluation statt.

www.dnqp.de

Genogramm

In einem Genogramm sind Familienstrukturen abgebildet [→Kap. 3.2.2]. Ähnlich wie bei einem Stammbaum werden über mehrere, meistens drei, Generationen mit Hilfe von Symbolen dargestellt. Männliche Familienmitglieder werden als Quadrate und weibliche Familienmitglieder als Kreis gezeigt. Wichtige Ereignisse wie Heirat, Trennung oder Tod von Personen werden ebenfalls in einem Genogramm vermerkt.

Mit Hilfe der Genogrammarbeit können viele verschiedene Informationen über Familien im Gespräch erfahren und festgehalten werden. Beispielsweise können Familienmuster wie die Vererbung bestimmter Krankheiten oder die Häufigkeit von Trennungen erkannt werden.

Glossar

Im Gespräch, das zur Erstellung des Genogramms stattfindet, werden Beziehungen unter den Familienmitgliedern oftmals klarer und liefern nicht nur dem Case Manager, sondern auch den Patienten wertvolle Erkenntnisse. Zu beachten ist, dass die Erstellung eines Genogramms Vertrauen zwischen Case Manager und Patienten voraussetzt und Zeit benötigt.

Hausbesuch

Die aufsuchende Arbeit, also das Treffen und Arbeiten mit Patienten in ihrem häuslichen Umfeld, hat für die Pflege, Ärzte und die Soziale Arbeit eine lange Tradition [→Kap. 5.2.1]. Neben der Versorgung in Einrichtungen wie Krankenhäusern wurden Menschen in ihrer Häuslichkeit betreut. In manchen Bereichen hat den letzten Jahrzehnten ein Wandel stattgefunden. Beispielsweise fanden Geburten vor 100 Jahren in der Regel zu Hause statt, heute ist das eher eine Ausnahme.

In bestimmten Situationen – in der ambulanten Pflege älterer Menschen oder bei der Betreuung von Babys und Müttern nach der Geburt durch Hebammen – ist das Arbeiten in der Wohnung oder im Haus der Patienten ebenfalls Normalität und entspricht den Wünschen der Patienten. In anderen Bereich wie in Beratungssituationen durch Mitarbeiter von Behörden (Gesundheitsamt oder Sozialamt) kann das Aufsuchen in der eigenen Wohnung auch unangenehm und als Kontrolle empfunden werden. Daher sollte immer das Einverständnis der Klienten vorliegen.

Im Case Management erhält der Hausbesuch [→Kap. 3.3.4] eine besondere Bedeutung, um die Lebenswelt der Patienten kennenzulernen. Der Hausbesuch sollte als fachliches Vorgehen betrachtet werden. Hausbesuche finden insbesondere im Rahmen der Falleinschätzung [→Kap. 3.2] statt, aber auch in anderen Arbeitsphasen [→Kap. 3] ist es wichtig, Patienten in ihrer häuslichen Umgebung zu treffen.

Wichtig Voraussetzungen für einen Hausbesuch sind die Freiwilligkeit (ggf. kann auch ein Treffen im Park oder im Café ein erster Ansatz sein) sowie ein wertschätzendes und respektvolles Verhalten während des Hausbesuches.

Kollegiale Beratung

Unter dem Begriff Kollegiale Beratung wird eine Methode verstanden, mit deren Hilfe eine strukturierte Fallbesprechung durchgeführt wird. Die Kollegiale Beratung wird von Gruppen oder Teams zur Besprechung der Arbeitspraxis eingesetzt. Die Fälle der Mitarbeiter oder spezielle Themen wie Führungskompetenzen können im Fokus stehen.

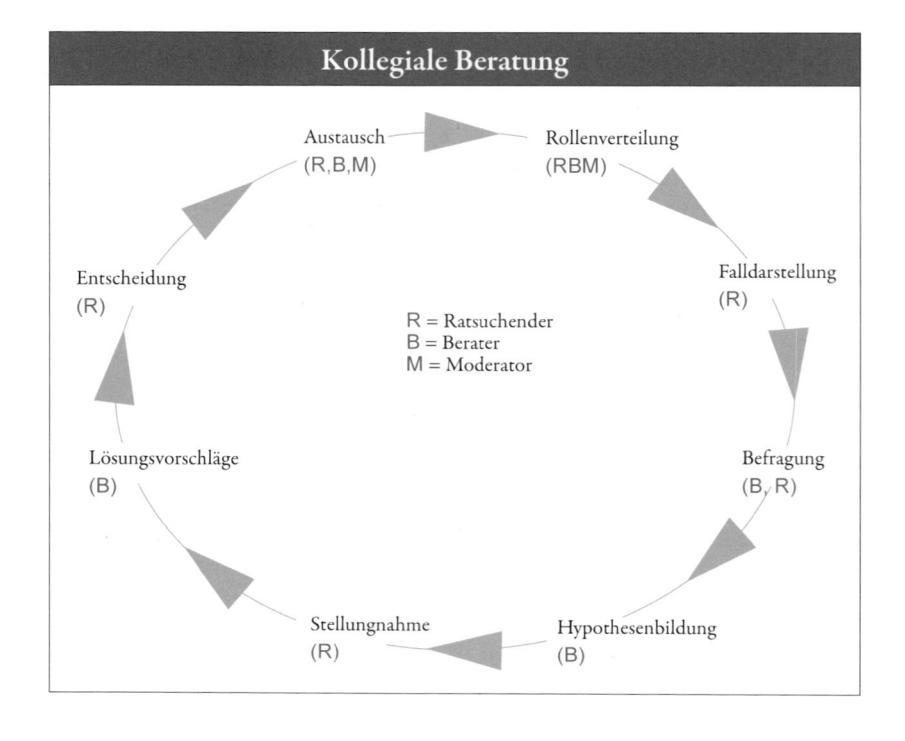

Kollegiale Beratung

- Austausch (R,B,M)
- Rollenverteilung (RBM)
- Falldarstellung (R)
- Befragung (B, R)
- Hypothesenbildung (B)
- Stellungnahme (R)
- Lösungsvorschläge (B)
- Entscheidung (R)

R = Ratsuchender
B = Berater
M = Moderator

Die Mitarbeiter einer Einrichtung oder eines Teams (6–8 Personen) treffen sich regelmäßig für ein bis zwei Stunden und setzen sich mit einem Fall oder einem Problem auseinander. Hierzu werden verschiedene Rollen (Falleinbringer, Moderator und Berater) verteilt. Der Beratungsprozess durchläuft nach Haug-Benien (1998) verschiedene Phasen. Nachdem der Falleinbringer einen Fall oder ein Problem aus seiner Arbeitspraxis geschildert hat, können die Ratgeber Fragen stellen, auf die der Falleinbringer kurz antwortet. Eine Diskussion soll an dieser Stelle nicht erfolgen. Der →Moderator beachtet den Zeitrahmen und sorgt dafür, dass das inhaltliche Vorgehen stimmt.

Im nächsten Schritt der Beratung äußern die Ratgeber Vermutungen zur Situation, beispielsweise warum sich ein Patient nicht zu einer Mitarbeit motivieren lässt. Die Vermutungen werden gesammelt und im nächsten Schritt vom Falleinbringer kommentiert. Erst nachdem der Falleinbringer eine Stellungnahme zu den Vermutungen geäußert hat, beispielsweise welche Ursachen des Problems er für schlüssig hält, werden von den Ratgebern Lösungsvorschläge gemacht.

Der Falleinbringer hört sich die Vorschläge an und teilt zum Ende der Kollegialen Beratung mit, was er versuchen wird. Abschließend findet ein kurzer Austausch über den Verlauf der Beratung statt.

Managed Care

Der Begriff Managed Care bedeutet übersetzt etwa „geführte Versorgung" und bezeichnet ein Konzept, das in den USA entstanden ist. Ziel dieser Arbeit auf der Systemebene [→Kap. 2.2] ist es, die Versorgung insbesondere durch eine Zusammenführung von Versicherungs- und Leistungserbringungsfunktionen des medizinischen und kaufmännischen Management zu steuern. In den USA wurden bereits zu Beginn des 20. Jahrhunderts sozialpflegerische und ehrenamtliche Dienste von sogenannten Charity Organization Societies (Wohlfahrtsorganisationen) koordiniert. Es besteht eine lange Tradition, die vielfältigen Versorgungsangebote abzustimmen und somit – zumindest in Ansätzen – Kosten und Qualität der Versorgung zu kontrollieren.

Das Verfahren Case Management wurde von vielen Einrichtungen, die nach dem Managed Care-Konzept arbeiten, aufgegriffen. Hierzu zählen auch die staatlichen Programme Medicare (staatliches Programm, das Leistungen zur Krankenversorgung übernimmt, sobald das 65. Lebensjahr vollendet ist) und Medicaid (eine Art Krankenversicherung, die aus staatlichen Mitteln finanziert wird und nur nach Bedürftigkeitsprüfungen für Leistungen aufkommt) und zwar so, dass eine weite Verbreitung in den USA erfolgte.

In einigen Darstellungen wird Case Management mit Managed Care weitestgehend gleichgesetzt oder als Managed Care-Instrument beschrieben. Zu betonen ist jedoch, dass sich Case Management nicht grundsätzlich als MC-Instrument bezeichnen lässt. Es ist vielmehr ein eigenständiges Verfahren im Sozial- und Gesundheitswesen, das unter anderem in Managed Care-Organisationen Anwendung findet und oftmals mit anderen Techniken kombiniert wird.

Moderation

Die Moderation ist den meisten aus dem Fernsehen bekannt, wo Moderatoren beispielsweise in Talkshows Gesprächs- und Diskussionsrunden leiten. Im Arbeitsalltag kommen Moderationsmethoden zum Einsatz, wenn Arbeitssitzungen oder Teamgespräche geführt werden. Im Case Management sind Moderationskompetenzen insbesondere im Rahmen von Helferkonferenzen [→Kap. 3.4.4] oder in der Netzwerkarbeit [→Kap. 6] wichtig. Die Aufgabe des Moderators ist es, der Gruppe zu helfen, arbeitsfähig zu sein. Hierzu muss der Moderator zwei Prozesse – den Sach- und den Gruppenprozess – gleichzeitig steuern. Zur Lenkung des Sachprozesses zählt es,
- Themen zu sammeln,
- Problembearbeitung zu unterstützen,
- Maßnahmen zu planen und verschiedene Punkte im Arbeitsprozess zu visualisieren.

Glossar

Bein Gruppenprozess zählt zu Aufgaben des Moderators,
- für eine kooperative Arbeitsatmosphäre zu sorgen,
- Konflikte und Meinungsverschiedenheiten zu managen,
- „Spielregeln" für die Zusammenarbeit zu erstellen und auf deren Einhaltung zu achten.

Moderatoren bringen in der Regel keine Inhalte ein. Sie verhalten sich in Diskussionen neutral und bewerten nicht. Sie unterstützen die Gruppe durch gezielten Einsatz von Fragen und Visualisierungen, wie beispielsweise Kartenabfragen oder „Blitzlichtern". Moderation arbeitet nach dem Leitsatz:

> Der Moderator ist Experte für Methodik, nicht für den Inhalt!

Lebenswelt

Der Begriff der Lebenswelt wurde von Hans Thiersch geprägt. Im Vordergrund seiner Überlegungen steht, dass Betroffene in ihrem Alltag, also mit ihren alltäglichen Lebenserfahrungen gesehen werden. Das Alltagsleben von Menschen zeichnet sich dadurch aus, dass sie in einem sozialen Umfeld leben, in dem verschiedene Aufgaben zu erledigen sind. Strukturen, Muster oder Handlungsroutinen helfen, diese Aufgaben zu erledigen. In Krisensituationen, beispielsweise durch eine schwere Erkrankung, können jedoch gewohnte Handlungsmuster zusammenbrechen, sodass eine professionelle Hilfe notwendig wird. Die professionellen Helfer sollten jedoch so wenig wie möglich in die Lebenswelt der Patienten eingreifen.

In der Zusammenarbeit mit Patienten ist es für professionelle Helfer zum einen wichtig, die Lebenswelt ihrer Patienten zu verstehen und zum anderen ihnen zu helfen, dass ihr Lebensalltag besser gelingt. Thiersch spricht von einem „gelingenderen Alltag". Wie dieser Alltag aussieht, sollte von den Hilfesuchenden definiert werden. Die professionellen Helfer leisten Hilfe zur Selbsthilfe, indem sie die Betroffenen unterstützen, einen gelingenderen Alltag zu ermöglichen.

Leitprinzipien der DGCC für Care und Case Management

Case Management unterstützt Patienten, das heißt:
- Case Manager arbeiten patientenorientiert, die Wünsche und Interessen der Patienten werden über den gesamten Betreuungsprozess hinweg einbezogen.
- Case Manager arbeiten mit den Lebenswelten der Patienten, d.h. die Lebenssituation hinsichtlich ihrer sozialen und örtlichen Lebensumwelt wird in jeder Unterstützungsphase einbezogen.
- Die Mehrdimensionalität des Menschen wird berücksichtigt.
- Case Manager orientieren sich an den Ressourcen der Patienten und ihres Umfeldes.
- Case Manager fördern im Sinne des Empowerments [→Kap. 3.2.5] selbstbestimmtes Handeln der Patienten.

www.dgcc.de

Case Manager arbeiten nach dem aktuellen fachlichen Kenntnisstand. Eine qualitätsvolle Arbeit im Case Management zeichnet sich aus durch:
- Interprofessionalität, eine fachübergreifende Zusammenarbeit
- Neutralität, d.h. die Angebote werden an dem Bedarf und den Bedürfnissen der Patienten ausgerichtet – ohne Rücksicht auf Interessen der Case Manager oder Trägerinteressen
- Effektivität, also eine größtmögliche Wirksamkeit des Betreuungsprozesses
- Effizienz, d.h. durch die Zusammenarbeit verschiedener Akteure erfolgt ein ökonomischer Einsatz von Unterstützungsleistungen
- eine zweifache Leistungstransparenz: Sowohl die Patienten als auch die Kooperationspartner und Leistungsträger wissen durch den Hilfeplan [→Kap. 3.3.3], welche Leistungen zum Einsatz kommen.

CM ist als Teil des Sozial- und Gesundheitswesens zu sehen und berücksichtigt dabei (nach Dangel 2004):
- Nachrangigkeit: CM kommt zum Einsatz, wo Eigenhilfe und informelle Hilfen nicht ausreichend vorhanden sind.
- Welfaremix: Unterstützungsleistungen der informellen und formellen Netzwerke greifen ineinander.
- Transsektorale Versorgungsverläufe: Case Management arbeitet quer über bestehenden segmentierten Versorgungsbereichen und -strukturen, mit dem Ziel, eine kontinuierliche Versorgung zu gewährleisten.
- Ambulant vor stationär: Erst wenn ambulante Maßnahmen ausgeschöpft sind, werden teilstationäre und dann stationäre Maßnahmen eingesetzt.

Partizipative Entscheidungsfindung

Die Partizipative oder auch gemeinsame Entscheidungsfindung (PEF) ist nach Bieber et al. (2007) ein Prozess, in dem es unter gleichberechtigter aktiver Beteiligung von beispielsweise Patienten und Ärzten auf der Grundlage von geteilten Informationen zu einer gemeinsam verantworteten Entscheidung kommen. Das Konzept der PEF kommt zur Anwendung, wenn mehrere bedeutsame Entscheidungen, etwa gleichwertige Therapiemöglichkeiten, zur Wahl stehen. Wichtig ist, dass die Patienten eine Beteiligung wünschen. Im Prozess der PEF erfolgen mehrere Handlungsschritte:
- mitteilen, dass eine Entscheidung ansteht
- Gleichberechtigung der Partner formulieren
- über Wahlmöglichkeiten informieren („Equipoise")
- Informationen über Vor- und Nachteile der Option geben
- Verständnis, Gedanken und Erwartungen erfragen
- Präferenzen ermitteln
- aushandeln
- gemeinsame Entscheidung herbeiführen
- Vereinbarungen zur Umsetzung der Entscheidung treffen

Pflegeberatung

Durch das Pflege-Weiterentwicklungsgesetz, welches am 1. Juli 2008 in Kraft getreten ist, haben Menschen mit Hilfe- und Pflegebedarf, aber auch deren Angehörige einen einklagbaren Rechtsanspruch auf eine individuelle Beratung und Unterstützung, die sogenannte Pflegeberatung. Gesetzlich geregelt ist dieser Anspruch durch §7 a des Elften Sozialgesetzbuches [→Kap. 5.4.1].

Sie soll durch Pflegeberaterinnen unabhängig, neutral und kostenfrei für Versicherte und deren Angehörige erbracht werden. Eine individuelle Pflegeberatung erfordert die Wahrnehmung folgender Aufgaben:
- Systematische Erfassung und Analyse des Hilfsbedarfs von Hilfesuchenden
- Anfertigung eines individuellen Versorgungsplans (Hilfeplanung) [→Kap. 3.3.3]
- Hinwirkung auf die Implementierung der hierzu notwendigen Maßnahmen (Umsetzung der Leistungen)
- Überwachung der Durchführung des Versorgungsplans
- Auswertung und Dokumentation der Hilfeprozesse

Des Weiteren sollen Pflegeberater über Sozialleistungen (z.B. Anspruch auf eine Pflegestufe) und notwendige Hilfen (u.a. Pflegehilfsmittel) aufklären und beraten. Es ist möglich, dass sie Leistungsanträge (z.b. die Pflegestufe oder einen Antrag auf Schwerbehinderung) von Betroffenen entgegennehmen. Da der Hilfebedarf oftmals sehr kurzfristig erforderlich wird, sind Pflegeberater so einzusetzen, dass sie zeitnah und umfassend beraten, informieren und unterstützen können.

Pflegeberaterinnen sollen – neben der Arbeit in ihrer Beratungsstelle, wie Pflegestützpunkt [→Kap. 5.4] – außerdem auch aufsuchend, d.h. bei den Hilfe- und Ratsuchenden vor Ort tätig werden. Dies ist notwendig, da eine Komm-Struktur erfahrungsgemäß nicht von allen Betroffenen genutzt werden kann. Zudem erscheint diese Art von Beratung vor Ort zu Hause (*in-home*) sinnvoll, da sich der Pflegeberater gleichzeitig einen Eindruck von dem Umfeld des Betroffenen machen und ggf. auch hier – z.B. zu Umbaumaßnahmen – beraten, informieren und unterstützen kann.

Glossar

Pflegeplanung

Durch die Pflegeplanung wird das pflegerische Handeln strukturiert, systematisch erfasst und anschließend evaluiert, d.h. auf Zielerreichung überprüft. Um die notwendigen Pflegemaßnahmen planen zu können, werden die individuellen Bedarfe, d.h. Pflegeprobleme sowie Ressourcen, also Fähigkeiten des Hilfe- und Pflegebedürftigen formuliert. Darauf aufbauend werden in der Pflegeplanung Pflegeziele festgelegt. Um diese Ziele zu erreichen, werden Pflegemaßnahmen geplant: Es wird formuliert, wer, was, wann, wie oft, wo und wie die erforderlichen Maßnahmen erbringt, also zum Beispiel Pflegehandlungen wie Waschen oder Zubereitung der Mahlzeiten. Berücksichtigt wird dabei, in welcher Intensität die Leistungen erbracht werden: Beispielsweise ist eine vollständige oder teilweise Übernahme der Leistung erforderlich oder ist die Unterstützung oder Anleitung durch die Pflegekraft ausreichend?

Die Pflegeplanung hat außerdem das Ziel, die Evaluation der durchgeführten Pflege anschaulich abzubilden. Notwendige Veränderungen, die sich aus der Evaluation ergeben, gehen in die Maßnahmenplanung ein. Bei längerfristigen Änderungen werden Bedarfe und Ressourcen angepasst.

Ressourcen

Der Begriff Ressourcen bezieht sich auf verschiedene Bereiche: Zum einen Ressourcen, die sich auf einzelne Personen beziehen und zum anderen werden Güter, Dienstleistungen des Versorgungssystems als Ressourcen bezeichnet. Im Case Management erfolgt eine Ressourcenorientierung in beide Richtungen. Case Managerinnen organisieren eine bestmögliche, an den Bedürfnissen ihrer Patienten orientierte Versorgung mit den zur Verfügung stehenden informellen und formellen Mitteln.

In der Arbeit mit Patienten rücken deren Fähigkeiten und Stärken in den Vordergrund. Der Fokus liegt also auf den Tätigkeiten, die ein Patient selbst durchführen kann, sodass eine Förderung und Unterstützung möglich ist. Eine ressourcenorientierte Vorgehensweise geht davon aus, dass Menschen über Fähigkeiten und Stärken verfügen. Die Fähigkeiten werden vielleicht zurzeit nicht genutzt und müssen wieder aktiviert werden.

Ein ressourcenorientiertes Arbeiten mit Patienten hat zur Folge, dass sie sich das Verständnis zum hilfebedürftigen Menschen verändert: Patienten werden nicht ausschließlich als passive Empfänger von Hilfeleistungen gesehen, sondern als aktive Gestalter von Hilfeprozessen. Durch den Blick auf die Ressourcen der Patienten gewinnt das Lebensumfeld der Hilfesuchenden, zu dem auch unterstützende Personen zählen, an Bedeutung. Die Hilfe zur Selbsthilfe wird im Rahmen der Ressourcenarbeit gestärkt.

Ein ressourcenorientiertes Case Management will Menschen dazu befähigen, eigene Fähigkeiten oder Unterstützungsmöglichkeiten zu nutzen ohne dass langfristig professionelle Dienstleistungen (als Ressourcen des Versorgungssystems) in Anspruch genommen werden. Case Manager können als Brücke zwischen den Ressourcen der Klienten und denen des Versorgungssystems gesehen werden.

Rollen und Funktionen im Case Management

Case Manager arbeiten in verschiedenen Bereichen und mit verschieden Zielgruppen. Die Einsatzbereiche, im Krankenhaus oder bei einer Pflegekasse, sowie die Aufgaben, die ein Case Manager zu erfüllen hat, sind demnach unterschiedlich.

Im Alltagsleben ist es ähnlich – wir nehmen entsprechend dem Ort, an dem wir uns befinden, oder den Personen, mit denen wir zu tun haben, unterschiedliche Rollen ein: Wir sind Sohn oder Tochter, Freundin oder Kollegin. Mit diesen verschiedenen Rollen sind auch bestimmte Erwartungen erfüllt. Von einer Freundin oder einem Freund wird vielleicht Zeit zum Plaudern erwartet, von einer Partnerin oder einem Partner Zuneigung und Aufmerksamkeit.

Glossar

Beim Case Management lassen sich Rollen wie Unterstützer, Motivator, Steuerer, Anleiter, Fürsprecher oder Vermittler identifizieren [→Kap. 1.3]. Case Manager sind nicht ausschließlich in einer Funktion tätig. Ein Rollen- oder Funktionswechsel erfolgt situations- oder fallabhängig.

Entscheidend ist, sich die unterschiedlichen Funktionen bewusst zu machen und zu berücksichtigen, dass teilweise die eigene Wahrnehmung einer Rolle oder Funktion nicht mit der von anderen Menschen, beispielsweise den Klienten oder Mitarbeitern in anderen Einrichtungen, übereinstimmt.

Salutogenese

Der Soziologe Aaron Antonovsky (1923–1994) befasste sich mit der Frage, was Menschen – trotz belastender Einflüsse gesund hält und entwickelte aus seinen Erkenntnissen das Konzept der Salutogenese. Die Salutogenese untersucht und lehrt, was Menschen gesund hält und ist somit eine Umkehr der herkömmlichen Denkweise – der Pathogenese. Denn die Pathogenese befasst sich damit, was die Menschen krankmacht und wie Kranke behandelt werden.

Das Konzept der Salutogenese geht davon aus, dass alle Menschen gleichzeitig mehr oder weniger gesund oder krank sind. Gesundheit und Krankheit sind demnach keine stabilen Zustände, sondern Menschen bewegen sich zwischen den zwei Polen Krankheit und Gesundheit (Gesundheits-Krankheits-Kontinuum). Antonovsky geht davon aus, dass die Grundhaltung oder die Lebenseinstellung eines Menschen seinen Gesundheits- oder Krankheitszustand beeinflusst.

Diese Grundhaltung oder auch Weltanschauung bezeichnet er als Kohärenzgefühl. Menschen mit einem ausgeprägten Kohärenzgefühl erleben ihre Umwelt als zusammenhängend und sinnvoll. Sie können ihre Erfahrungen verstehen und gehen davon aus, dass sie Schwierigkeiten bewältigen können, da das Leben für sie einen Sinn hat. Das Kohärenzgefühl bildet sich nach der Geburt aus und ist im Erwachsenenalter gefestigt, aber noch beeinflussbar.

Kohärenzsinn (sense of coherence)

- Zusammenhänge des Lebens verstehen
  (sense of comprehensibility)

- Überzeugung, das eigene Leben gestalten zu können
  (sense of manageability)

- Gewissheit über den Sinn des Lebens
  (sense of meaningfulness)

Glossar

Sozialraumorientierung

Im Rahmen der Arbeit auf der Systemebene [→Kap. 2.2] werden verschiedene Dienstleistungsangebote im Sozialraum erfasst und gegebenenfalls Kooperationsbeziehungen aufgebaut. Die Sozialraumorientierung ist ein Konzept, das insbesondere bei der Gemeinwesenarbeit darauf abzielt, soziale Räume nach den Bedürfnissen der Menschen zu gestalten. Sozialräume sind Lebensräume wie beispielsweise eine Nachbarschaft oder ein Stadtteil. Diese Bereiche sind durch gesellschaftliche Entwicklungen geprägt. Hohe Arbeitslosigkeit oder eine schlechte Infrastruktur (Erreichbarkeit von Supermärkten oder Ärzten) beeinflussen die Lebensqualität der Bewohner.

Sozialraumorientierung zeichnet sich nach Hinte (nach Kleve 2006a) durch folgende Leitprinzipien aus:
- Sie setzt konsequent am Willen und den Interessen der Menschen an.
- Sie aktiviert die Menschen und fördert Selbsthilfe.
- Sie konzentriert sich auf die Ressourcen der im Sozialraum lebenden Menschen und auf die Strukturen im Sozialraum.
- Sie arbeitet zielgruppen- und bereichsübergreifend.
- Sie fördert die Kooperation und stimmt professionelle (und andere) Ressourcen untereinander ab.

Sozialraumanalysen versuchen, die Lebensbedingungen in einem Gebiet zu erfassen und wiederzugeben. Hierzu steht eine Vielzahl quantitativer und qualitativer Methoden wie Auswertung von statistischen Daten zur Bewohnerstruktur oder Stadtteilbegehungen zur Verfügung.

Soziogramm

Das Soziogramm [→Kap. 3.2.2] ist ein Instrument, das in den 1930er Jahren von dem Arzt und Soziologen Jakob Levy Moreno (1889–1974) entwickelt wurde. Er gilt als der Begründer der Soziometrie und konzipierte eine Methode, mit deren Hilfe er Beziehungen zwischen Personen innerhalb einer Gruppe darstellen konnte.

Die von ihm konzipierte Soziomatrix wurde in der grafischen Darstellung zum Soziogramm. Für die Darstellung der unterschiedlichen Akteure und Beziehungen werden Symbole verwendet. Personen oder Institutionen werden durch Kreise, Quadrate oder Dreiecke angedeutet. Die Beziehungen zwischen Personen bzw. Einrichtungen werden in Form von Linien, einseitigen oder zweiseitigen Pfeilen visualisiert. Das Soziogramm visualisiert als Ergänzung zum Genogramm die zwischenmenschlichen Beziehungen auch über die familiären Beziehungen hinaus.

Zu beachten ist, dass ein Soziogramm lediglich eine Momentaufnahme darstellt. Konflikte oder Verbünde zwischen Menschen können schnell entstehen, können sich aber auch kurzfristig wieder auflösen.

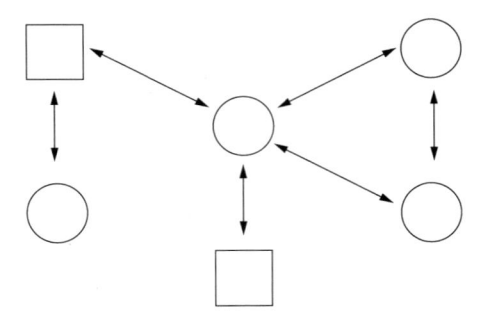

Ein Soziogramm stellt die Beziehungen in einer Gruppe dar.

Glossar

Zertifizierte Weiterbildung im Case Management

Case Management-Grundlagen werden teilweise in grundständigen Ausbildungen vermittelt oder in Weiterbildungen erworben. Aufgrund der speziellen Anforderungen, die an Case Manager gestellt werden und der zunehmenden Verbreitung des Verfahrens in der Praxis bedarf es jedoch einer gezielten zertifizierten Weiterbildung. Diese erfolgt an Ausbildungsinstituten, die von der →DGCC zertifiziert sind. Das heißt, die Ausbildungsinstitute haben ihre Weiterbildungsangebote nach den Richtlinien der DGCC entwickelt. Da die Bezeichnung Case Managerin oder Case Managerin nicht geschützt ist, also sich jeder so bezeichnen kann, stellt die zertifizierte Ausbildung von Case Managern und Case Managerinnen eine bedeutende Qualitätssicherung dar.

Die Anforderungen an die Qualifizierung von Case Managern sind hoch. Neben entsprechendem Fachwissen sind insbesondere Kommunikations- und Managementkompetenzen von Bedeutung. Zudem ist in Anbetracht der verschiedenen Rollenfunktionen der heterogenen Case Management-Modelle die Selbstreflexion der Case Manager für die Ausübung ihrer Tätigkeit erforderlich.

Die Weiterbildung nach den Richtlinien der DGCC umfasst mindestens 210 Stunden (á 45 Minuten) setzt sich aus zwei Teilen zusammen:
- **Basismodul** (mindestens 114 Stunden): Grundlagen von Care und Case Management mit 96 Stunden Präsenzzeit plus 18 Stunden kollegiale Beratung in Arbeitsgruppen
- **Aufbaumodul** (arbeitsfeldspezifisches Modul mit mindestens 96 Stunden): 48 Stunden Präsenzzeit, in der eine arbeitsfeldspezifische Vertiefung zu Fragen des Systemmanagements sowie zu spezifischen Anwendungen, z.B. Kinder- und Jugendhilfe, Altenhilfe, Pflege, Krankenhausversorgung, Soziale Dienste oder Vermittlung in Arbeit erfolgt. Plus 24 Stunden Praxiscoaching und 24 Stunden selbst organisierte Lerngruppen)

In der Regel dauert eine Case Management-Weiterbildung nach den DGCC-Kriterien ein Jahr. Die Vielfalt der Angebote ist in den letzten Jahren gewachsen, sodass mittlerweile Weiterbildungskurse existieren, die sich auf spezielle Arbeitsbereiche wie die Beschäftigungsförderung oder die Pflege beziehen, wobei auch hier natürlich die allgemeinen Grundlagen vermittelt werden.

Eine Übersicht über alle zertifizierten Ausbildungsinstitute ist auf den Internetseiten der DGCC zu finden.

www.dgcc.de

Ziele

Ziele im Rahmen von Case Management sind positiv formulierte Zustände, Sachverhalte oder Kompetenzen in der Zukunft. Die Klienten bzw. Patienten beschreiben, wie etwas in der Zukunft sein wird. Über die Formulierung von Wünschen hinausgehend liegt der Zielformulierung eine konkrete Absicht zur Umsetzung des Zieles zu Grunde.

Einige allgemeine Regeln gelten für die Zielformulierung:
- Ziele müssen realistisch und akzeptabel sein.
- Sie sollten schriftlich formuliert werden.
- Zielbeschreibungen sind positiv (das Wort „nicht" vermeiden).
- Sie sind klar und präzise und mit konkretem Zieldatum.
- Ziele sollen überprüfbar sein.

Bei den Hilfeprozessen im Case Management-Prozess werden verschiedene Zielebenen berücksichtigt: Global-, Rahmen- und Handlungsziele [→Kap. 3.3.1]. Die Globalziele zeigen eine langfristige Perspektive auf, die Rahmenziele beschreiben einzelne Bereiche, die zur Erlangung des Globalziels erforderlich sind und die Handlungsziele stellen einzelne Schritte dazu dar. Handlungsziele sind spezifisch, messbar, akzeptabel, realistisch und terminiert (diese Kriterien werden auch als SMART-Kriterien [→Kap. 3.3.1] bezeichnet).

Glossar

Abkürzungen

AAA	Area Agencies on Aging
CM	Case Management
CCM	Care und Case Management
CMP	Case Management-Prozess
DGCC	Deutsche Gesellschaft für Care und Case Management
DMP	Disease Management-Programme
ISG	Institut für Sozialforschung und Gesellschaftspolitik
KDA	Kuratorium Deutsche Altershilfe
MC	Managed Care
PDCA	plan, do, check, act
PEF	Partizipative Entscheidungsfindung
PfWG	Pflegeweiterentwicklungsgesetz
PSP	Pflegestützpunkte
SGB	Sozialgesetzbuch
WHO	World Health Organization, Weltgesundheitsorganisation
SMART	spezifisch, messbar, attraktiv, realistisch, terminiert

Literatur

Assistenz für einen gelingenden Alltag. Qualifizierungsrahmen für „Alltagsbegleiter" in der stationären Betreuung Demenzerkrankter, siehe in: ambet (Hg.): *Demenz – Assistenz für einen gelingenden Alltag*, Braunschweig (Institut für Fort- und Weiterbildung sozialer Berufe) 2009

CESTA, T.; TAHAN, H.; FINK, L. (1998): *The Case Manager's Survival Guide: Winning Strategies for Clinical Practice*; St. Louis/London/Philadelphia, Mosby

DANGEL, B. (2004): *Pflegerische Entlassungsplanung*; München, Elsevier

DE SHAZER, S.; DOLAN, Y. (2008): *Mehr als ein Wunder. Lösungsfokussierte Kurztherapie heute.* Carl Auer Verlag

DGCC (Deutsche Gesellschaft für Care und Case Management e.V., Hg.) (2009): *Rahmenempfehlungen zum Handlungskonzept Case Management.* Economica

EWERS, M. (2005B). DAS ANGLO-AMERIKANISCHE CASE MANAGEMENT: Konzeptionelle und methodische Grundlagen. In: EWERS, M., SCHAEFFER, D. (Hg.): *Case Management in Theorie und Praxis*. S. 53–90. Bern

FISHER, R.; URY, W.; PATTON, B (2004): *Das Harvard Konzept*. Frankfurt

FORSCHUNGSPROJEKT DES BUNDESMINISTERIUMS FÜR FAMILIE, SENIOREN, FRAUEN UND JUGEND (2007): *Möglichkeiten und Grenzen einer selbstständigen Lebensführung in Einrichtungen.* Die Einbeziehung von Angehörigen und Freiwilligen in die Pflege und Betreuung in Einrichtungen. Untersuchung des Instituts für Sozialforschung und Gesellschaftspolitik e.V., DIETRICH ENGELS, FRANK PFEUFFER, Köln

FROMMELT, M.; KLIE, T.; LÖCHERBACH, P.; MENNEMANN, H.; MONZER, M.; WENDT, W-R. (2008): *Pflegeberatung, Pflegestützpunkte und das Case Management.* Freiburg: Verlag Forschung – Entwicklung – Lehre

GRÄßEL, E; SCHIRMER, B (2006): Freiwillige Helferinnen und Helfer zur Entlastung der Angehörigen demenzkranker Menschen. Ergebnisse einer prospektiven Verlaufsuntersuchung zu den Erwartungen und Erfahrungen in Bezug auf Schulung und professionelle Begleitung. In: *Zeitschrift für Gerontologie und Geriatrie*, Volume 39, Number 3, S. 217–226.

HACKMANN, M. (2001): Zur Geschichte der Gesundheitsförderung in der ambulanten Pflege; In: *Gehring*, M./Kean, S./Hackmann, M./Büscher (Hrsg.) (2001): Familienbezogene Pflege; Bern u.a., Verlag Hans Huber, S. 207 – 217

HAUG-BENIEN, R. (1998): *Kollegiale Beratung – Ein Fall nicht nur für zwei. hiba transfer*, Ausgabe III-1998. heidelberger institut beruf und arbeit, hiba gmbh

HAYE, B.; KLEVE, H. (2006): Systemische Schritte helfender Kommunikation Sechs-Phasen-Modell für die Falleinschätzung und die Hilfeplanung. In: KLEVE, H.; HAYE, B.;HAMPE-GROSSER, A.; MÜLLER, M. (2006): *Systemisches Case-Management*; Heidelberg, Carl Auer Verlag, S. 103–126

KLEVE, H. (2006A): *Der theoretische Blick auf die Sozialraumorientierung*, http://www.ibs-networld.de/Ferkel/Archiv/kleve-h-06-05_sozialraumorientierung.html

KLEVE, H. (2009): Die Organisation von Veränderung in der Sozialen Arbeit. Implementierung neuer Konzepte im Kontext nicht-trivialer Systeme. In: RALF WETZEL, JENS ADERHOLD, JANA RÜCKERT-JOHN (2009): *Die Organisation in unruhigen Zeiten. Über die Folgen von Strukturwandel, Veränderungsdruck und Funktionsverschiebung*. Heidelberg: Car-Auer-Systeme, S. 299–315

KLEVE, H.; HAYE, B.; HAMPE-GROSSER, A.; MÜLLER, M. (2006): *Systemisches Case-Management*; Heidelberg, Carl Auer Verlag

KOFAHL, CH.; DAHL, K.; DÖHNER, H. (2004): *Vernetzte Versorgung für ältere Menschen in Deutschland*; Münster, Lit Verlag

LÖCHERBACH, P. (2008): Generelle Aspekte zum Case Management. In: MÜLLER, M.; EHLERS, C. (Hrsg): *Case Management als Brücke*. Schibri-Verlag, S. 29–41

LÖSER, A. (2006): *Evaluation - Auswertung des Pflegeprozesses*. Schlütersche Verlagsgesellschaft

MENNEMANN, H. (2006): Case Management auf der Systemebene – Aufbau von Netzwerken. In: *Case Management*, 1/2006; Economica, S. 12–17,

MONITOR ENGAGEMENT, BUNDESFAMILIENMINISTERIUM (HG.), 2009: *Repräsentativerhebung zu Ehrenamt, Freiwilligenarbeit und bürgerschaftlichem Engagement*. JOACHIM DÖBLER

MÜLLER, M. (2006): Verfahren, Techniken und Struktur im Case Management-Prozess. Theorie-Praxis-Werkzeuge, In: KLEVE, H. ET AL.: *Systemisches Case-Management*; Heidelberg, Carl Auer Verlag, S. 57–90.

Nachgefragt 02/2010: Barbara Weigl im Gespräch ...

NEUFFER, M. (2009): *Case Management Soziale Arbeit mit Einzelnen und Familien*. Weinheim, München,Juventa

RIBBERT-ELIAS, J (2006): Case Management im Krankenhaus: Voraussetzungen – Anforderungen – Implementierung; In WENDT, W. R.; LÖCHERBACH, P. (HG). *Case Management in der Entwicklung. Stand und Perspektiven in der Praxis;* Heidelberg, München u.a., Economica, S. 135–154.

TELLER, M.; LONGMUß, J. (2007): *Netzwerkmoderation*. Netzwerke zum Erfolg führen. Ziel-Verlag

VAHS, D. (2007): *Organisation: Einführung in die Organisationstheorie und -praxis*. Schäffer-Poeschel Verlag Stuttgart, 6. überarbeitete und erweiterte Aufl.

WENDT, W. R. (2001, 2008): *Case Management im Sozial- und Gesundheitswesen*. Eine Einführung. Freiburg i. Br.: Lambertus

WENDT, W. R. (2004): Case Management in Deutschland. Viel gelobt, noch zu wenig praktiziert; In: *Blätter der Wohlfahrtspflege* 2/2004, S. 43–49